BASTEI
LÜBBE
TASCHENBUCH

Weiterer Titel der Autorin:

Sei schlau, stell dich dumm

Titel auch als Hörbuch und E-Book erhältlich

Daniela Katzenberger

Katze küsst Kater

MEIN BUCH ÜBER
DIE LIEBE

BASTEI
LÜBBE
TASCHENBUCH

BASTEI LÜBBE TASCHENBUCH
Band 60755

1. Auflage: Oktober 2013

Dieser Titel ist auch als Hörbuch und E-Book erschienen

Originalausgabe

Umschlagmotive und Bildtafelteil: Fotografie: Fotostudio
schoko-auge/Stefanie Schumacher/Styling und Make-up:
Denise Fickert © schoko-auge/99pro media gmbh
Umschlaggestaltung: Kirstin Osenau
Innengestaltung und Satz: Christina Krutz Design, Biebesheim
Gesetzt aus der Lapidary
Druck und Verarbeitung: GGP Media GmbH, Pößneck
Printed in Germany
ISBN 978-3-404-60755-6

Sie finden uns im Internet unter
www.luebbe.de
Bitte beachten Sie auch: www.lesejury.de

Inhalt

1. Katze sucht Kater

oder

WARUM DIE BESTE MÄDELS-CLIQUE DER WELT KEINEN MANN ERSETZEN KANN

....

Wozu brauchen wir überhaupt einen Mann im Leben? Gute Frage. Ich sag's euch. Wer soll denn sonst das Auto auspacken, wenn wir vom Wochenendgroßeinkauf nach Hause kommen? Wer schleppt dann die kiloschweren Getränkekisten in den dritten Stock hoch? Wer soll die durchgebrannten Glühbirnen am Badezimmerspiegel austauschen? Und wer macht sich die Finger an der halbleeren Druckerpatrone dreckig? Wer bringt den Weihnachtsschmuck in den Keller, um kurz

darauf ohne zu murren (und wenn, dann nur hinter unserem Rücken) die Osterdekoration auszugraben? Ich könnte euch noch tausend andere Gründe nennen, aber ihr seht schon – jede Frau braucht einen Kerl.

Scherz beiseite, ich weiß, heute können Frauen das alles selbst, auch wenn es bequemer ist, das nicht zuzugeben. Aber im Ernst – ein Mann liebt euch ganz anders, als es eure Schwester oder eure beste Freundin tut. Klar können wir eine ganze Zeit lang ausschließlich inmitten unserer fantastischen Mädels-Clique leben. Wir haben Spaß miteinander, gehen shoppen, gucken Serien, lachen, klatschen, tratschen. Aber irgendwann kommt er doch, der Moment, wo er fehlt. Denn nochmal: Ein Mann liebt einen ganz anders als jede Frau. Und damit meine ich nicht in erster Linie den Sex.

Es ist die Art und Weise, wie er uns ansieht. Nur ein Mann liebt unsere Brüste und unseren Arsch, wie wir es vielleicht nicht mal selbst tun. Ein Mann, der sich richtig in uns verliebt hat, liebt uns immer – auch an dem Tag, an dem wir uns scheiße fühlen, unsere Haare strähnig sind, der Nagellack abgesplittert, die Achselrasur nicht mehr ganz frisch ist, die Füße nach 'ner Pediküre brüllen und der Schlüpfer nach der Waschmaschine. Wenn er uns dann trotzdem zärtlich in den Arm nimmt, sanft küsst und verspricht: »Alles wird gut« – dann wissen wir, dass es Liebe ist!

Der Mensch ist ja ein Gewohnheitstier. Das zeigt sich vor allem dann, wenn er zu lange alleine ist. Da fängt er plötzlich an zu furzen, zu rülpsen, in der Nase zu bohren, sich im Schritt zu kratzen, zwischen den Zähnen zu pulen, an Pickeln zu drücken, an Nägeln zu kauen und so weiter und so fort. Es ist ja nicht schlimm, wenn man das alles macht, solange man alleine ist, aber das Gefährliche ist eben: Man merkt gar nicht, dass man das mit der Zeit auch in der Öffentlichkeit tut!

Allein um das zu vermeiden und den kleinsten gemeinsamen Nenner menschlicher Zivilisation zu bewahren, sollte man sich also aus strategischen Erwägungen in regelmäßigen Abständen einen Partner gönnen. Zweisamkeit ist die beste Möglichkeit, nicht auf das Niveau der Neandertaler zurückzufallen.

Kritische Stimmen sagen jetzt vielleicht: Was soll mir denn die Katzenberger über Beziehungen erzählen? Tja, bin ich eigentlich Expertin in Sachen Dating? Keine Ahnung, wann gilt man denn bei so etwas als Expertin? Wenn man besonders viele Dates hatte? Oder wenn man relativ wenig hatte, weil die fast alle erfolgreich waren und gleich längere Beziehungen daraus wurden? Wenn man genau ein erstes Date hatte und den Kerl vom Fleck weg geheiratet hat, weil einfach alles perfekt lief?

Ich hatte bisher dreißig erste Dates! Dabei waren gute und schlechte, äußerst peinliche und extrem kurze, sehr langweilige und total lustige. Eines hatten sie aber alle gemeinsam: Sie waren auf ihre Art unvergesslich.

2. Katze auf der Pirsch

oder

WARUM DU NIE EINEN GUTEN TYPEN IN DER DISCO KENNENLERNEN WIRST

··············

Die Idee, in einen Club zu gehen, um Männer kennen-zulernen, ist meiner Meinung nach völlig balla-balla. Keine Ahnung, woher der Irrglaube stammt, dass man in so einem Laden den Richtigen treffen könnte. Es gibt wenig ungeeignetere Plätze.

Selbst wenn der tollste Typ des Universums neben einem stehen würde, würde man es hier nicht mitbe-kommen, null Chance. Es ist zu laut, es ist zu voll, es ist zu heiß, es fließt zu viel Alkohol – es ist einfach die

komplett falsche Umgebung. Außerdem ist dort auch die Konkurrenz zu groß.

Manchmal sieht man den Wald ja vor lauter Bäumen nicht – das ist so ein Spruch, den ich ewig nicht verstanden habe. Viele Bäume ergeben einen Wald – was soll ich denn da jetzt nicht sehen? Aber irgendwann hat's auch bei mir Klick gemacht, und ich garantiere euch: Das mit dem Wald stimmt. Und nirgends passt dieser Spruch so gut wie bei der Männerwahl.

Was ich damit sagen will, ist: Gerade auf der Pirsch nach einem geeigneten Partner solltest du nicht mit der Schrotflinte jagen – also einfach abdrücken, ohne groß zu zielen, und hoffen, dass du dann schon irgendwen treffen wirst. Viel besser ist das Prinzip »klein, aber fein«. Das heißt: Mini-Auswahl, aber Top-Qualität.

Ich will das mal mit meinem ersten Besuch in einem amerikanischen Supermarkt vergleichen, damals in Kalifornien, als ich mich persönlich bei Ober-Playboy Hugh Hefner vorstellen wollte. Ihr wisst noch, einer meiner allerersten Fernseh-Auftritte – eigentlich mein Durchbruch, wenn ich das mal selbstbewusst so nennen darf. Danach war das Modell Katze ja serienreif.

Tja, da hatte der alte Herr, also der Hugh, ja leider keine Zeit für mich. Nun gut, wer nicht will, der hat schon, und mein weiteres Leben hat sich ja auch ohne Audienz beim Gottvater der Bunnys gut entwickelt. Vielleicht war's am Ende sogar besser so, wir werden's nie erfahren. Ich habe mir jedenfalls geschworen, nie wieder auch nur einen Gedanken an Nacktfotos zu verschwenden. Nicht für den *Playboy* und auch nicht ganz privat für einen Kerl. Aber dazu kommen wir später noch.

Im Nachhinein muss ich Herrn Hefner vielleicht sogar dankbar sein, dass er mich damals nicht persönlich in Augenschein nehmen wollte.

Ich hatte auf jeden Fall plötzlich eine Menge Zeit, da ich ja nun nicht das neue *Playboy*-Cover-Shooting machen musste, das ich fest in meinen Zeitplan eingerechnet hatte. Also ab in den nächsten Supermarkt, ein bisschen Frust-Schokolade kaufen.

Und was passierte? Ich bekam noch mehr Frust! Das mit der Schokolade hat sich nämlich als extrem schwierig, ach, was sag ich, als nahezu unmöglich herausgestellt. Ich war nur selten in meinem Leben so überfordert wie in dem Moment, als ich vor den endlosen Süßigkeiten- und Getränkeregalen stand. Regale, so lang wie bei uns die Autobahn. Fehlt nur, dass für den Einkaufswagen Überholverbot eingeführt wird.

Das gibt's ja gar nicht, habe ich immer gedacht. Was ist denn das? Habe ich ja noch nie gesehen. Und nun?

Der Kauf einer simplen Cola forderte mich mindestens genauso heraus, als ob ich meinem Biologielehrer aus der zehnten Klasse noch mal die Photosynthese im Schnelldurchlauf an der Tafel erklären müsste.

Da standen also diverse Coca Colas, Pepsis, Dr Peppers, RCs und ich weiß nicht was nebeneinander – kilometerlang. Die gab's dann mit oder ohne oder mit ohne Koffein, in Kirsch-, Lemon-, Vanille und vielen anderen leicht perversen Geschmacksrichtungen, als Diät-Variante oder mit vollem Zuckergehalt, in kleinen Dosen, großen Dosen, Mini-Glasflaschen, in Plastikflaschen mit 0,25, 0,3, 0,5, 1 Liter, 1,5 Liter oder 3 Liter. Hallo?!? Ich wollte doch nur irgendeine Cola.

Beim Süßigkeiten-Regal drehte ich dann vollends durch. Erschlagen durch die Masse. Kennt ihr das, dass euch der Appetit vergeht, weil ihr euch nicht entscheiden könnte, was ihr haben wollt? Eben noch Heißhunger, im nächsten Moment hast du das Gefühl, du kriegst keinen Bissen runter, weil irgendwie alles zu kompliziert ist.

Und genau wie im amerikanischen Monster-Supermarkt gibt es auch auf dem Männer-Markt unfassbar viele Flaschen. Kleine Flaschen, Standard-Flaschen und Riesen-Flaschen. Um es mal ganz krass zu sagen: Manchmal ist es besser, nur die Wahl zwischen zwei

Vollidioten zu haben, statt sich unter tausend Vollidioten entscheiden zu müssen. Es wird ja nicht besser, nur weil es mehr sind.

Jedenfalls ist eine Disco – denn wir in Ludwigshafen sagen immer noch Disco und nicht Club – zum Männer kennenlernen für uns Frauen schon deshalb nicht so toll, weil die Herrschaften gleich ein Haus weiterziehen können, wenn ihnen was nicht passt. Mit »Haus weiterziehen« meine ich natürlich gerade mal einen Meter. Dahin, wo die nächste Frau steht, bereit, sich abschleppen zu lassen – oder aber auch nicht. Der Versuch ist ja nicht strafbar, und irgendwann findet doch jeder blinde Gockel auch mal ein Korn. Will die eine nicht, spricht er einfach die Nächste an – irgendwo wird's schon klappen. Und wir stehen dumm da. Immerhin merken wir dann sofort, dass der Typ gar nicht an uns persönlich interessiert war, sondern dass es ihm nur darum ging, *irgendeine* Frau aufzureißen.

Also nee, Disco immer wieder gerne, aber nur mit Freundinnen, um mit der Clique Spaß zu haben, zu tanzen und richtig abzufeiern – aber um Männer kennen- und vielleicht auch noch liebenzulernen komplett ungeeignet.

Ich habe in so einem Schuppen übrigens mal eines der dümmsten Komplimente bekommen, seit der liebe

Gott das Wort erschaffen hat: »Du siehst ja viel hübscher aus als im Fernsehen – gar nicht so dick.« Wäre doch bestimmt Notwehr gewesen, wenn ich ihm voll eine in die Kauleiste gedonnert hätte, oder? Verdient hätte er es auf jeden Fall! Nicht so dick wie im Fernsehen – ich fasse es nicht!

Habt ihr eigentlich gewusst, dass Fitnessstudios im Gegensatz zu Discos ein ganz tolles Flirtrevier sind? Ich kenne das leider nur vom Hörensagen, da Fitness und ich so sind wie Löwe und Lamm, Falke und Maus, Maulwurf und Regenwurm – da prallen zwei Welten aufeinander. Das kommt daher, dass ich nicht gern vor anderen Leuten schwitze (Hilfe, mein Make-up!). Wenn ich mich schon abstrample, will ich meine Ruhe haben. Und ich will auch nicht dabei beobachtet werden, wenn ich versuche, Sit-ups zu machen und schon bei Nummer neun kläglich scheitere. Von der Gemeinschaftsdusche nachher ganz zu schweigen. Nee, Fitnessstudio und ich – keine Chance!

Aber was ich da schon alles von anderen Mädels gehört habe! Wenn der süße Kerl von der Hantelbank rüberkommt und fragt, ob er beim Einstellen der Gewichte helfen soll. Oder der Nachbar auf dem Stepper sich nach zwanzig Minuten ein Herz fasst und fragt, ob man später noch zusammen zum Spinning gehen will – nach der Zeit müsste ich schon längst vom Notarzt künstlich beatmet werden.

Und dann erst mal die Trainer. Gut gebaut sind die ja alle schon mal von Haus aus – ist doch wohl eine Grund- beziehungsweise Einstellungs-Voraussetzung. Die dürfen einen dann anfassen und haben immer ein Alibi: Hier musst du reinatmen – Hand auf den Bauch. Da musst du mehr abknicken – Hand in die Taille. Etwas mehr runter – Hand auf der Hüfte. So schnell kommt uns sonst keiner so nahe.

Es wird ja auch seinen Grund haben, dass einige prominente Lieben genau hier, im Fitnessstudio, begonnen haben. Prinzessin Victoria von Schweden und ihr Daniel. Was war der nämlich? Genau, ihr privater Trainer. Gut, nebenbei auch noch Besitzer der kompletten Fitness-Kette, was ihn vielleicht ein kleines bisschen standesgemäßer für die Königsfamilie machte. Und mit wem ist *30 Rock*-Star Alec Baldwin (an seiner Stelle hätte ich niemals Kim Basinger verlassen – Gott, ist die Frau sexy!) im wahren Leben zusammen? Genau, mit seiner Yoga-Lehrerin. Da geht doch gleich das Kopfkino an und man sieht die beiden bei den irrsten Verrenkungen auf der heimischen Matratze. Home-Training nennt man das dann – und das hat nichts mit einem alten Strampel-Fahrrad vorm Fernseher zu tun.

Trendsetter bei dem Thema war natürlich wieder mal: Madonna! Die hat sich gleich ein Kind von ihrem ehemaligen Trainer machen lassen. Ist ja irgendwie auch nachvollziehbar – also nicht, dass man sich gleich ein Kind machen lässt, aber zumindest, dass man schnell in die Kiste springt –, denn alle Beteiligten wissen rein körperlich, worauf sie sich einlassen.

Ob nun in der Disco, im Fitnessstudio oder sonst wo, es gibt da schon ein paar Dinge, auf die ihr achten solltet, wenn ihr einen Mann trefft.

Auf jeden Fall Tabu sind Männer mit Eheringen. Das Gerücht hält sich ja wacker, dass einige Kerle nur aus taktischen Gründen am linken Ringfinger einen schmalen Goldring tragen, um so interessanter zu wirken und den Jagdinstinkt in der Frau zu wecken.

Ich sage euch, Männer mit Eheringen sind Zeitverschwendung. Entweder sie sind wirklich verheiratet, und dann gehört es sich schon aus Frauen-Solidarität nicht, was mit denen anzufangen, oder aber sie machen sich wirklich 'nen Scherz draus; dann sind sie unreif und unehrlich und sowieso keinen einzigen Gedanken wert.

Müssen wir über Männer mit Kindern reden? Nein – zumindest, wenn da auch noch die dazugehörige Mutter eine Rolle spielt. Thema durch! Ausnahmen sind natürlich alleinerziehende Väter. Was, da kümmert sich ein Mann ganz alleine um ein Kind? Ja, so was gibt es, die sind aber in freier Wildbahn etwa so selten wie sibirische Tiger. Klar, schließlich müssen sie sich meistens um die Aufzucht ihres Nachwuchses kümmern.

Wer doch mal so ein rares Exemplar kennenlernt, sollte wissen, worauf er sich da einlässt. Diese Männer sind sehr verantwortungsvoll, sie haben keine Zeit für Spielchen und Wichtigtuerei. Und das ist erst mal toll. Allerdings muss einem klar sein, dass man ihn nie für sich alleine haben wird. Ob sonntagmorgens im Bett, wo plötzlich ein kleines Wesen in der Besucherritze liegt, im Urlaub, der dann in den nächsten Jahren in typischen Kinderhotels mit jeder Menge Remmidemmi verbracht wird. Oder beim gemütlichen Couch-TV-Kuscheln, wo es nicht lange dauert, bis ein Pyjama-Gespenst vor einem steht und quakt, dass es nicht schlafen kann. Kann jede Menge Spaß machen, kostet aber auch Zeit und Nerven – Mamasein eben ...

Dann gibt es noch Männer mit Hunden – ein weites Feld. Mit einem Labrador, Rottweiler oder Dobermann an der Seite, sammelt jeder Typ bei mir Punkte. Großer Hund, guter Typ, ab auf den Merkzettel.

Ist aber ein Pudel oder Mops an der Leine – dann stimmt da doch was nicht. Ist er schwul? Oder geht er mit dem Hund der Freundin Gassi? Modell Schoß-

hund gehört meist der besseren Hälfte, was nichts anderes bedeutet, als dass dieser Typ ohnehin keinen Platz mehr an seiner Seite hat. Also schnell weitergehen, nicht umdrehen, nicht schmachten, nicht schwärmen, es sei denn, ihr wollt nur den Hund mal streicheln.

Ich finde ja, dass man Männer am besten über Freunde kennenlernt. Die haben schon mal eine Vorauswahl getroffen, kennen die Macken (und zwar von ihm und mir) und ahnen, wer zu wem passen könnte. Da weiß man also zumindest schon ein bisschen, was man hat. Gut, auch da gibt es keine Treffergarantie, aber die Wahrscheinlichkeit ist allemal höher als wenn man sich ganz alleine auf die Suche macht – und das ist doch schon mal was.

Was aber ein absolutes No-Go ist: Auch wenn eure Freundin tausendmal gesagt hat, dass sie mit ihrem Ex durch ist, sie nichts mehr für ihn empfindet und es ihr völlig egal ist, mit wem er jetzt was hat, denkt noch nicht einmal im Traum daran, etwas mit ihm anzufangen!

Seid sicher, eure Freundin meint es nicht so, wie sie es sagt. Gar nichts ist ihr egal, was ihren Ex angeht – und am allerwenigsten egal ist es ihr, wenn die beste Freundin was mit dem abgelegten Typen anfängt. Das ist Hochverrat. Damit wird ein ungeschriebenes Gesetz gebrochen – der abgelegte Mann einer Freundin ist absolut verboten!

Mit dem Exfreund ist es wie mit einem alten Hundeknochen: Mich interessiert das abgenagte Ding zwar nicht mehr, aber das heißt noch lange nicht, dass ein anderer ihn haben kann. Also ganz schnell irgendwo vergraben, da, wo selbst ich blöder Hund ihn nicht mehr wiederfinde – aber eben auch niemand sonst.

Nehmen wir jetzt mal an, dass keiner unserer Freunde den richtigen Mann für uns im Angebot hat und wir auch sonst keinen kennenlernen. Was tun? Zauberwort: Kontaktanzeige. Keine Angst, so schlimm ist das nicht, im Gegenteil, das kann sogar Spaß machen! Ich habe schon tausendmal eine Annonce aufgesetzt – bis jetzt aber nur im Gedanken. Bei mir würde das zum Beispiel so aussehen:

Depp sucht Depp.

Oder:

**Lippgloss-Schnute sucht
öligen Pinselschwinger.**

Oder aber:

**Einsam sucht einsam für
gemeinsam einsam.**

Hört sich doch erfolgsversprechend an, oder?

Jetzt verrate ich euch mal was: Vor gut einem Jahr habe ich mich auch mal bei so einer Online-Partnerbörse angemeldet. Klar, mit einem Fake-Namen, denn ich möchte nicht wissen, was sonst los gewesen wäre – Daniela Katzenberger im Flirt-Portal. Vor der ist man ja nirgendwo mehr sicher ...

Aber ich finde, es ist schon sehr interessant, wer da so unterwegs ist. Wenn mir zu dieser Zeit nicht gerade im realen Leben ein toller Mann zugelaufen wäre – ich bin mir nicht sicher, ob ich nicht glatt ein paar von den Herren aus dem Internet gedatet hätte. Da waren schon ein paar sehr süße Typen dabei – zumindest gaben sie sich so im Netz. Ich habe sie ja nie live zu sehen bekommen.

Am Anfang ist so ein Internet-Flirt ja herrlich unverfänglich. Man kann sich erst mal in aller Ruhe schreiben und sich so aus sicherer Entfernung ein bisschen kennenlernen, dann vielleicht mal telefonieren und hören, ob einem auch die Stimme gefällt, ehe man den nächsten Schritt gehen will – ein echtes Date. Das ist doch super. Einfacher war es nie, jemanden kennenzulernen!

Aber ein paar Sachen muss man dabei natürlich schon beachten. In der ersten Kontaktanzeige sollte man nicht zu viel von sich verraten. Gerade genug, um Interesse zu wecken, sich aber nicht wie ein offenes Buch ausbreiten, das gleich alle Fragen beantwortet – er soll doch später jede einzelne Seite von uns kennenlernen und voller Spannung umblättern, um sich dann immer wieder überraschen zu lassen.

Bei mir würde ich also schreiben: weiblich, 27 Jahre alt, blond, schlank. Aus – das reicht. Weder Schuh- noch Kleider- noch Körbchengröße gehören hier hin. Da wird der Herr bei Erfolg noch früh genug selbst Maß nehmen.

Lustig finde ich in solchen Anzeigen ja immer den Zusatz »Single«. Na logo bin ich Single, das muss ich doch nicht extra sagen. Wenn ich keiner wäre, müsste ich mich doch nicht in einem Online-Dating-Portal rumtreiben. Oder seh ich da vielleicht was falsch?

Bei Hobbys würde ich schreiben: Habe ich, aber keine Zeit. Irgendwie ist es doch auch egal, ob ich Tennis spiele, Briefmarken mit abgerissenen linken Ecken sammle, einen Schuhputz-Tick habe oder keine Folge von *Richter Alexander Hold* verpasse. Macht mich das besser, schlechter, anders? Und wenn ich einen Tennispartner suchen würde, könnte ich mich gleich bei einem Sport-Portal einloggen. Um ehrlich zu sein, mein einziges wirkliches Hobby, für das ich mich echt interessiere, ist Make-up. Klingt aber irgendwie ein bisschen blöd, oder: Hobby? Make-up!

Dann wird bei diesen Flirt-Portalen ja auch immer gefragt: »Wie soll Ihr künftiger Partner sein?« Gute Frage. Reich, schön, berühmt, charmant, tier- und kinderlieb, intelligent, sportlich, sowohl für den Oscar als auch den Nobelpreis nominiert, mehrfacher Olympia-Teilnehmer, Musiker mit mehreren Chart-Erfolgen, sozial engagiert in Afrika, Freund vom Dalai Lama, Privatjet-Besitzer. Hallo, aufwachen, genug geträumt! Aber einfach angeben »treu soll er sein« ist auch blöd, das kann ja schließlich jeder von sich behaupten.

Also jetzt mal im Ernst. Ich suche einen Arschloch-Romeo. Meinetwegen auch ein Romeo-Arschloch – da will ich mal nicht so kleinlich sein. Wie sollte er sonst sein? Männlich, dreißig bis vierzig Jahre alt, größer als ich (das heißt 1,65 Meter plus 12-Zentimeter-Pumps), nicht zu dünn, aber auch nicht zu dick (superpräzise Aussage, oder?). Vernascht darf er sein, er sollte mich auf Händen tragen, darf mich aber auch ab und zu auf 'nen Kaktus schmeißen – manchmal habe ich es einfach verdient!

Am Anfang sollte er aber erst mal seine Romeo-Seite zeigen, das erleichtert das Kennenlernen schon enorm. Blöde Anmachsprüche hört man ja oft genug. Jeder kennt sie, keiner mag sie, und lustig sind sie höchstens unfreiwillig. Ich frage mich wirklich, warum sich das noch nicht bis zu den Männern rumgesprochen hat, die es – warum auch immer – ständig wieder damit versuchen.

»Ich dachte, ihr seid Schwestern« ist so ein typischer Spruch, den ich lieber nicht gehört hätte, wenn ich mit meiner Mutter unterwegs bin. Klar, meiner Mutter schmeichelt das, die fühlt sich gleich um ein paar Jahre jünger. Aber ich? Mich macht das doch uralt. Nicht nachgedacht, kann ich dann nur sagen, denn eine ist bei dem Spruch immer beleidigt: ich. Aber vielleicht wollten diese Männer ja auch lieber Mama Iris kennenlernen.

Manche Kerle versuchen es gleich auf die ganz freche

Tour. Einmal bin ich nämlich so angesprochen worden: »Ficken?« Beim ersten Mal dachte ich, ich höre nicht recht, als ein Typ sich mit frechem Grinsen vor mir aufbaute und unverblümt fragte. Hat der sie noch alle? Er hat noch nicht mal guten Tag gesagt und knallt mir ein »Ficken?« entgegen! Warum haut er nicht gleich ein »Bumsen?«, »Lecken?« oder »Blasen?« hinterher.

Während ich noch nach Luft schnappte – und das passiert bei mir mehr als selten, dass ich sprachlos bin und nicht weiter weiß – zog er eine kleine Flasche Likör aus seiner Tasche: »Ficken« hieß nämlich der Schnaps! Platter geht's nimmer.

Meine Mama hat übrigens bis heute einen Sebastian Ficken in ihrem Handy-Adressbuch stehen. Das ist der Lieferant, der sie mit eben diesem viel zu süßen Likör beliefert. Keine Ahnung, wie Sebastian wirklich mit Nachnamen heißt – wir rufen ihn nur »Ficken«. Armer Kerl.

Dagegen ist so ein Klassiker wie »Willst du mit mir gehen?« ja schon wieder gut. Nicht unbedingt neu, aber so abgenudelt, dass er schon wieder originell wirkt. Auf jeden Fall viel besser als so ein Scheiß wie: »Ich hab die Karten für dich gelegt, in spätestens vier Jahren ziehst du nach Berlin. Hab ich übrigens schon erwähnt, dass ich aus Berlin komme?« Nee, hast du nicht und das kannst du auch getrost für dich behalten. Weder ziehe ich nach Berlin noch sonst wohin, ich bleibe lieber in meinem guten alten Ludwigshafen. Und wenn jemand anderes mich so bevormundet, kann ich das schon mal gar nicht leiden, auch wenn es wahrscheinlich nett gemeint ist.

Warum machen die Kerle sich das aber auch selbst so kompliziert und versuchen unbedingt, lustig zu sein – eine der schwierigsten Disziplinen überhaupt. Habt ihr gewusst, dass es für jeden Schauspieler einfacher ist, auf Knopfdruck zu weinen, als richtig herzerfrischend zu lachen? Das müsst ihr selbst mal ausprobieren, da werdet ihr's sehen.

Leider haben es die Jungs auch bei mir eher geschafft, mich zum Weinen zu bringen – unfreiwillig zwar, aber ihre hilflosen Anmachversuche treiben einem einfach die Tränen in die Augen.

Hm, hat mich tatsächlich mal einer mit seinem Spruch zum Lachen gebracht? Da muss ich lange überlegen. Wartet mal – ich denke und denke, mein kleines Köpfchen tut schon weh von so viel ungewohnter Arbeit, und nun kann ich euch sagen: Sorry, da fällt mir leider nichts ein. Ich kann mich beim besten Willen nicht daran erinnern, dass ich mal eine richtig tolle Anmache zu hören bekam, die so lustig war, dass ich wirklich lachen musste. Traurig, aber wahr!

Also: Bleibt lieber ganz natürlich, Jungs, und hebt euch eure Sprüche für später auf, denn wenn wir uns in einen Mann verliebt haben, dann lachen wir auch über die schlechten Witze.

Wenn ich mit einem Mann Kontakt aufnehmen will, verwende ich immer einen super Trick: Ich stelle ihm einfach eine Frage, die ihm die Chance gibt, vernünftig zu antworten. So einfach ist das. Also zum Beispiel: »Wo ist das Klo?« oder: »Weißt du, wo hier ein Geldautomat ist?« Was natürlich schon doof wäre, ist, wenn ihr beim Fragen gerade direkt neben der WC-Tür oder dem Bankautomaten steht. Also kurzer Rundumblick, bevor ihr loslegt.

Auf solche Fragen kann euer Auserkorener ganz natürlich reagieren. Entweder mit der platten Info – gleich rechts und dann immer geradeaus – oder er bringt euch sogar hin. Oder aber, er kontert mit einem (guten!) Spruch: »Geldautomat? Wozu denn das? Du brauchst kein Geld, solange ich an deiner Seite bin – ich lade dich ein!«

Wichtig ist dabei, dass er sich nicht von euch angemacht fühlt. Ihr müsst ihm alle Optionen offenlassen, damit er das Gefühl hat, dass die Initiative von ihm ausgeht. Geht sie zwar nicht, aber man muss die Jungs nur in dem Glauben lassen, dann steht eurem Kennenlernen nichts mehr im Wege. Sie sind eben insgesamt ein bisschen simpler gestrickt, aber genau dafür lieben wir sie ja auch. Wäre doch schlimm, wenn sie genauso berechnend und verschlagen wären wie wir, oder?

Meine Schwester hat es bei uns zu Hause, in Ludwigshafen, ganz blöd erwischt. Bei ihr fällt den Leuten doch tatsächlich nichts anderes ein, als zu sagen: »Hey du, du bist doch die Schwester von der Katzenberger aus dem Fernsehen, oder?« Das findet natürlich kein junges Mädchen toll, wenn sie nur über die große Schwester definiert wird. Schwesterherz, wenn du das liest — sorry, es tut mir leid! Aber, ein schwacher Trost, mir geht es ja auch nicht viel besser.

Wie oft habe ich schon mit einem Typen zusammengestanden, von dem ich dachte: Wow, der ist wirklich klasse! Wo hat der sich denn die ganze Zeit versteckt? Ich sah mich schon abends mit ihm auf der Bowlingbahn und anschließend beim romantischen Park-Spaziergang, bevor wir dann eventuell zu ihm ...

Und während ich dann gerade meinen rosaroten Gedanken nachhänge, knallt mir der Kerl so eine Frage rein: »Kann ich mal ein Foto von dir und mir machen?« Und peng, Seifenblase zerplatzt. Das ist der Abtörner schlechthin, wenn mich jemand fragt: Foto? Bis vor zwei Sekunden fand ich ihn noch klasse und dann das. Das ist genauso blöd wie: »Du bist doch die Daniela aus dem Fernsehen, oder?«

Kaum zu glauben, aber wahr: Ich weiß ziemlich gut, wie ich heiße und was ich mache, da muss man mich doch nicht dran erinnern, wenn wir uns gerade nett unterhalten. Noch schlimmer sind nur die, die so ganz verkrampft zur Seite gucken und tun, als ob sie mich nicht kennen würden, und mich absichtlich mit Nichtachtung strafen. Dieses Nicht-Kennen-Wollen ist total arrogant und affig. Mir soll's egal sein, aber es kommt einfach albern rüber.

Früher haben mich viel weniger Typen als heute angesprochen. Das war aber nicht schlimm. Im Gegenteil, manchmal wünsche ich mir die Zeit sogar zurück. Das soll jetzt nicht undankbar klingen, und ich finde es ja auch toll, auf der Straße erkannt zu werden. Meistens zumindest – unangenehm wird es nur, wenn ich meinen Schlumpflook anhabe, weil ich wirklich nur mal ganz, ganz kurz zur Tankstelle wollte, das ist mir dann doch eher peinlich. Ja, auch mir ist manchmal etwas peinlich, allerdings äußerst selten!

Jedenfalls ist es nicht gerade von Vorteil, aus Funk und Fernsehen berühmt zu sein, wenn man einen Freund finden will. Das liegt daran, dass ich für die Leute so ein bisschen wie eine Glaskugel bin. Das ist dann immer so ein einseitiges Kennenlernen. Die meinen nämlich, schon alles über mich zu wissen. Wie ich heiße – nun ja, nicht so schwierig, da meine Sendung ja nun mal genauso heißt wie ich. Also nicht *Natürlich blond*, aber Daniela Katzenberger. Wer meine Mama ist – nach dem *Dschungelcamp* wissen das außer den australischen Kakerlaken noch mehr Leute als ohnehin schon. Wo ich wohne – ja, in Ludwigshafen, und da kriegt mich so schnell auch keiner weg. Wer meine Geschwister sind, wo ich einkaufe, welche Filme ich mag und so weiter und so fort.

Das habe ich ja auch alles freiwillig vor der Kamera zum Besten gegeben, also habe ich prinzipiell auch kein Problem damit. Nur: Die anderen wissen also ziemlich viel über mich, aber ich weiß nichts über sie. Nein, das macht die Sache nicht gerade einfacher.

Davon mal abgesehen frage ich mich eh immer, ob ich eigentlich einen Freund haben will, der vorher schon ein Fan von mir im Fernsehen war. Ich meine, andersrum wäre es doch irgendwie richtiger. Der soll, wenn er mich toll findet, mal ein ganz großer Fan von mir werden. Von mir, der Daniela. Und nicht schon Fan sein von der Katzenberger, bevor er überhaupt ein persönliches Wort mit mir – also Daniela – gewechselt hat. Das ist doch sonst die falsche Reihenfolge.

Also, liebe männliche Interessenten, überlegt es euch gut, ob ihr mich nach einem Foto fragt, wenn ihr mich mal persönlich trefft!

Die blondesten
Blondinenwitze

Nachdem ich jetzt so über Männer geschimpft habe, die es nie hinkriegen, witzig zu sein, bin ich jetzt wohl mal dran zu zeigen, ob ich es besser kann. Schön blöd, denn nun fliegt es natürlich auf: Ich habe auch nur blöde Witze auf Lager, aber immerhin passen sie zu mir! Jetzt erzähle ich euch nämlich die lustigsten und blödesten Blondinenwitze.

Es gibt ja Leute, die behaupten, dass der extra für mich erfunden worden wäre. Das ist doch eigentlich ein Kompliment, oder? Stimmt nur leider nicht. Ich hab schon Blondinenwitze gehört, als ich noch meine Naturhaarfarbe trug – und das ist gaaaaaanz lange her.

Es soll ja Mädels mit hellem Haar geben, die sich über die Witze aufregen und dann auch immer gleich den Beweis antreten wollen, dass Blonde gar nicht blöd sind. Das finde ich richtig blöd! Eigentlich ist es doch gar nicht nötig, überhaupt darüber zu reden. Doof sind doch nur die, die denken, dass unsereins – also alle echten oder unechten Blondschöpfe – irgendwie ganz unten auf der Intelligenzleiter stehen.

Wenn es so wäre, wären wir zumindest in super Gesellschaft, denn ich mag Ostfriesen, Opelfahrer, Polizisten, Häschen und Klein-Ernas ... Jede Zeit hat ihre Witze, und eigentlich ist es doch ein Ritterschlag, wenn man zu der Gruppe gehört, die »Witzgeschichte« geschrieben hat. Darauf sollten wir Blondies uns was einbilden! Oder kennt einer von euch auch nur einen halbwegs lustigen Brünetten-Witz? Na also!

Hier sind meine ganz persönlichen Ich-hau-mich-weg-Charts und die blondesten Witze zum Weglaufen.

Finde ich gar nicht
(so) witzig:

Eine Blondine geht zum Friseur. Der sagt ihr, sie müsse vor dem Haareschneiden den Walkman abnehmen. Nach kurzem Zögern macht sie das. Nach dem Haarewaschen merkt der Friseur, dass sie gestorben ist. Er führt den Kopfhörer zum Ohr und hört: »Einatmen, ausatmen, einatmen ...«

Eine Blondine ruft ihren Freund an: »Sag mal, Schatz, ich habe mir ein neues Puzzle gekauft, aber ich bekomme es nicht zusammengebaut!« Der Freund fragt: »Was hat es denn für ein Motiv?« Die Blondine: »Ein roter Hahn!« Der Freund hakt weiter nach: »Steht da noch irgendetwas auf der Verpackung?« Die Blondine: »Ja, Kellogg's.«

Zwei Blondinen wachen nach einem Autounfall nebeneinander im Krankenhaus auf. Die eine steht auf, um herauszubekommen, wo sie denn überhaupt sind. Nirgends ein Hinweis. Da geht sie auf den Flur und kommt ganz entsetzt zurück und sagt: »Ich glaube, wir sind in Indien! Draußen hängt ein Schild, auf dem steht: Toiletten am Ende des Ganges!«

Nach vielen Stunden extrem akrobatischem und anstrengendem Sex mit einer Blondine geht ein Mann in die Küche, um sich dort zu stärken und neue Energie zu tanken. Er gießt sich ein Glas Milch ein, und kurz bevor er daraus trinkt, stellt er fest, dass seine Männlichkeit ziemlich heiß ist. Also steckt er sie kurzerhand ins Milchglas, um sie abzukühlen. Da kommt die Blondine rein, schaut dem Mann interessiert zu und sagt: »Aha, ich hab mich schon immer gefragt, wie ihr den wieder auffüllt!«

Treffen sich zwei Blondinen. Sagt die eine: »Dieses Jahr ist Weihnachten an einem Freitag!« Sagt die andere: »Oh weh, na hoffentlich nicht an einem dreizehnten!«

Warum arbeiten Blondinen sieben Tagen die Woche? Damit sie am Montag nicht wieder angelernt werden müssen.

Warum hat eine Blondine immer ein paar leere Gläser im Kühlschrank stehen? – Damit sie auch etwas für Leute hat, die nichts trinken wollen.

Golf gehört nicht gerade zu den herausragenden Fähigkeiten der blonden Golf-Schülerin. Deshalb rät ihr der entnervte Trainer nach der 22. Übungsstunde: »Sie dürfen den Schläger nicht halten wie einen Regenschirm. Stellen Sie sich doch einfach vor, es sei der Penis Ihres Freundes.« Das scheint einzuleuchten: Die Blondine holt aus, trifft den Ball und schlägt ihn über 130 Meter genau ins Loch. »Sensationell!«, jubelt der Golflehrer. »Und jetzt nehmen Sie den Schläger aus dem Mund und versuchen es noch mal mit den Händen.«

Der Chef bittet seine blonde Sekretärin: »Schauen Sie doch mal nach, was für diese Woche im Terminkalender steht.« Darauf die Blondine: »Montag, Dienstag, Mittwoch, Donnerstag, Freitag ...«

Wie kann man eine Blondine zwei Stunden lang beschäftigen? Indem man sie eine Tüte M&M's alphabetisch ordnen lässt!

Darüber kann ich
mich kaputtlachen:

Wie versucht eine Blondine einen Vogel umzubringen?
Sie wirft ihn vom Balkon!

Wie beschäftigt man eine Blondine für mehrere Stunden?
Einfach »Bitte umdrehen« auf beide Seiten eines Papiers
schreiben!

Unterhalten sich zwei Blondinen. Sagt die eine: »Ich habe
gestern einen Schwangerschaftstest gemacht.« Meint die
andere: »Und? Waren die Fragen schwer?«

Eine Blondine steht am Faxgerät und legt ein Schreiben
ein, sie drückt ein paar Knöpfe und wartet. Das wieder-
holt sich eine halbe Stunde. Jedes Mal legt sie das gleiche

Schreiben ein. Da kommt ein Kollege, der das ganze Prozedere schon länger beobachtet, und fragt: »Was machst du da eigentlich?« Sie antwortet: »Ich will dieses Schreiben durchfaxen, aber es kommt immer wieder heraus.«

Eine Polizistin hält eine Blondine an und bittet um Vorlage des Führerscheins. Die Blondine antwortet: »Führerschein? Was ist das? Wie sieht der aus?« – »Das ist das, wo Ihr Lichtbild drin ist.« Die Blondine kramt in ihrer Tasche und entdeckt sich in ihrem Taschenspiegel, den sie daraufhin der Polizistin gibt. Diese klappt den Spiegel auf und stottert: »Bitte entschuldigen Sie, wenn ich gewusst hätte, dass Sie Polizistin sind, hätte ich Sie nicht angehalten!«

Was macht eine Blondine, wenn sie zu viel Wasser gekocht hat? – Den Rest einfrieren, warmes Wasser kann man immer gebrauchen!

Eine Blondine hat mit ihrem Auto ein anderes Fahrzeug gerammt. Dessen Fahrer brüllt: »Sie dummes Huhn, haben Sie überhaupt eine Fahrprüfung gemacht?« Da zischt die Blondine zurück: »Bestimmt öfter als Sie!«

Was bekommt eine Blondine nach zehn Jahren unfallfreien Fahrens? – Den zweiten Gang erklärt.

Zwei Blondinen gucken einen Western, in dem ein Cowboy auf ein riesiges Kakteenfeld zureitet! »Ich wette mit dir um zehn Euro, dass der da durchreitet!«, sagt die eine. »Ich wette, der reitet da nicht durch!«, sagt die andere. Der Cowboy reitet tatsächlich durch! Da sagt die erste Blondine: »Schon gut, du kannst deine Kohle behalten! Ich hab den Film schon mal gesehen.« Die andere antwortet: »Ich auch! Aber ich hätte nicht gedacht, dass der da noch mal durchreitet!«

Was macht eine Blondine, wenn der Computer brennt? Sie drückt die Löschtaste.

3. Katze putzt sich raus

oder

WARUM DIE SCHNECKE EINGEPACKT BLEIBT

....

Es gibt bei der Klamotte fürs erste Date eine Faustregel: entweder Brust oder Keule, also Bein. Beides zusammen ist ein No-Go, sonst könnte ich ja gleich im Bikini zur Verabredung marschieren. Obwohl ich mir ziemlich sicher bin, dass das die meisten Typen nicht stören würde, ganz im Gegenteil, da wüssten sie doch zumindest von Anfang an, was sie erwartet – oder auch nicht!

Da wir aber nicht zur Fleischbeschau auf einem Viehmarkt im Allgäu geladen sind, sondern wir uns voll und ganz auf unsere inneren Werte verlassen wollen – wir tun zumindest anstandshalber im ersten Moment so als ob –, kleiden wir uns halbwegs sittsam, eben nur halbnackig, und zwar entweder oben oder unten.

Da ich meine Brust lieber als meine Beine mag, mache ich mich eher obenrum ein bisschen frei. Und das Freie verpacke ich am liebsten in dezentes Weiß. Aber nicht, weshalb ihr jetzt bestimmt denkt: weiß, die Farbe der Unschuld, so rein, so jungfräulich, so adrett. Mag alles stimmen, wenn es auch nicht unbedingt auf mich zutrifft.

Ich sage euch, warum Weiß für die meisten von uns »obenrum« so eine tolle Farbe ist: Was groß ist, wird durch weiß noch größer gemacht! Nicht, dass ich das bei meinen Brüsten unbedingt nötig hätte, die sind ja nun wirklich unübersehbar, aber schaden kann's auch nicht – und das hat es bei mir auch noch nie.

Also wer seine beiden besten Stücke richtig in Szene setzen will: Mit einer weißen Bluse klappt das immer! Und dann ist da ja noch das Spielchen mit den Knöpfen – je später der Abend, desto tiefer der Ausschnitt. Knöpfe sind ja erfunden worden, damit man sie öffnet. Aber so weit sind wir ja noch lange nicht.

Schwarz-Weiß ist sowieso der beste Look fürs erste Mal. Noch ein kleiner Farbtupfer – am besten knalliges Rot, entweder auf die Lippen oder als Handtasche oder Gürtel, ein kleines Tuch geht auch – und fertig. Wer ganz mutig ist, kann es auch mit roten Pumps probieren.

Aber Vorsicht: So eine Kreischfarbe hat auch eine Signalwirkung – und die wird von Männern nicht immer genauso übersetzt, wie wir Frauen es eigentlich meinen. Während wir sagen wollen: »Schaut her, ich bin sexy«, verstehen leider viele Männer: »Schaut her, ich will.« Also echt aufpassen bei roten Pumps – die sind nur was für Fortgeschrittene.

Ganz wichtig: Bloß nicht mehr als drei Farben auf einmal kombinieren. Sonst macht ihr nämlich jedem Zirkuspferd mit bunten Puscheln auf dem Kopf Konkurrenz. Glaubt mir, ich spreche da aus Erfahrung. Es ist ja nicht so, als ob ich nicht auch schon oft genug in meinem Leben danebengelegen hätte – und zwar sowohl mit Klamotten als auch mit Männern.

Aber das gehört nun mal dazu. Ich behaupte sogar, jeder muss mal so eine Voll-daneben-gegriffen-Phase durchmachen. Ich will euch ja nur ersparen, dass es ausgerechnet an dem Abend passiert, an dem ihr eine wichtige Verabredung habt. Es gibt schließlich tausend gute Gelegenheiten, falsch angezogen zu sein, da muss es ja nun nicht gerade beim ersten Date passieren. Gerade da zählt nämlich der allererste Eindruck wie sonst wohl nur beim gemeinsamen Gang vor den Traualtar. Dieser Moment brennt sich ein – für alle Zeiten! Und ihr wollt eurem womöglich neuen Freund und zukünftigen Mann doch nicht als Zirkuspony in Erinnerung bleiben!

Mit meinen nicht gerade stattlichen, aber, wie ich finde, ganz appetitlichen 1,65 Metern gehöre ich ja eher zum Typus klein und praktisch. Deshalb mein Tipp für alle auch nicht ganz so groß geratenen Mädels: Nude-Pumps – die sind ein echtes Zaubermittel. Sie machen das Bein optisch länger und strecken dadurch die ganze Figur – das macht gefühlte drei Kilo schlanker. Ich weiß gar nicht, was wir früher ohne die Dinger gemacht haben. Für mich sind sie auf jeden Fall mit die beste Erfindung, seit es Schuhe gibt.

Auf die Krönung warte ich ja schon mein ganzes Leben – und ich habe den Glauben daran auch noch nicht aufgegeben. Denn irgendwann wird er vor mir stehen, in irgendeinem schicken Laden, und sagen: Nimm mich, ich bin nur für dich geschaffen worden: der perfekte Schuh!

Na gut, vielleicht ist das doch eher ein Tagtraum und gehört ins Reich der Legenden wie der Weihnachtsmann, die Zahnfee und der Märchenprinz. So wie die

Weihnachtsgeschenke nicht durch den Schornstein transportiert werden (da hätte ja mein Barbie-Fahrrad damals auch nie durch gepasst) und auch kein Prinz in Sicht ist, der mit seinem Schimmel vor meine Tür reitet, so gibt es eben auch keinen Schuh, der bequem ist, bezahlbar und einfach nur geil aussieht.

Glaubt ihnen also kein Wort, diesen Mädels, die auf 14-Zentimeter-Dingern stehen und davon schwärmen, wie irre bequem der Schuh ist. Von wegen: läuft sich wie auf Wolken. Schaut mal ganz genau hin, wie sie die Worte zwischen den aufgespritzten Lippen qualvoll rauspressen. Sie können nämlich gar nicht anders, weil sie ihre Zähne zusammenbeißen müssen vor lauter Ballen-, Zehen- und Fersenschmerz. Sie lügen, diese Ich-kann-so-super-darauf-laufen-Tussis, denn seid ganz beruhigt: Niemand kann das auf Dauer! Und schon gar nicht ohne hässliche Hühneraugen.

Ich habe eine ganze Armee dieser Aua-Schuhe bei mir im Schrank stehen, und die haben genau eine Aufgabe: Sie müssen den Wow-Effekt liefern, mehr nicht. Rein in den Schuh, ab ins Taxi, rauf auf den roten Teppich und aus. Jetzt nur noch sitzen. Kein Mensch kann in den Dingern länger als eine halbe Stunde stehen, gehen oder geschweige denn tanzen. Kein Wunder also, dass Aschenputtel einen Schuh weggeworfen hat, als sie eilig davonstürmte.

Ihr glaubt ja gar nicht, wie viele Damen der feinen Gesellschaft sich bei Theater- und Kino-Premieren, TV-Galas oder irgendwelchen Preisverleihungen ihrer Schuhe entledigen, sobald sie auf ihren Plätzen sitzen. Das kann man zwar im Halbdunkel nicht immer sehen, dafür aber umso besser riechen. Deshalb kann ich es nur empfehlen, immer ein kleines Sprühdeo in der Handtasche zu haben!

Ich greife jetzt zwar schon meilenweit vor, weil wir uns ja immer noch fürs erste Date schick machen, aber nehmen wir mal an, das läuft gut, genauso wie das zweite und das dritte und so weiter – dann wird es irgendwann Zeit, den neuen Herzallerliebsten nach Hause zu begleiten. Wenn er dich schon an der Haustür bittet, die Schuhe auszuziehen, kannst du gleich wieder gehen. Solche Spießer wollen wir nicht. Eine Frau zieht ihre Schuhe nur freiwillig aus und das nur aus zwei Gründen: weil die Füße weh tun oder weil sie ins Bett geht.

Nehmen wir aber mal an, dass wir jetzt wirklich Letzteres wollen, also mit dem Mann in die Kiste steigen, dann gibt's da das Problem der berühmt-berüchtigten Käsequanten. Ja, lasst uns ehrlich sein, das hat jeder von uns schon mal gehabt. Und da kommt es nun rettend zum Einsatz: das Minideo. Kurz ins Bad, schnell raus aus den Schuhen, pscht-pscht, ein bisschen Deo gesprüht und wieder ab in die Arme des Liebsten. Jetzt nur nicht zu lange warten, bis die Wirkung verflogen ist, also runter mit den Latschen und ab unter die Decke.

Das Minideo hilft natürlich auch überall dort, wo sonst noch so geschwitzt wird. Wer von uns hatte vor lauter Aufregung noch keine Schweißränder in der Bluse? Was meint ihr, wie oft ich schon im Waschraum unter den Händetrocknern gehockt habe. Eine Minute linker Arm in die Höhe, dann Wechsel und eine Minute rechts in die Achsel gepustet. Auch dafür ziehe ich übrigens die Schuhe aus, weil die Pustedinger immer so tief hängen – selbst bei meiner Mini-Größe.

Wo wir jetzt schon beim Taschepacken sind: Auch ein Wechselschlüpfer gehört da rein. Damit die Buchse nicht so lose rumfliegt und im Zweifelsfall dann zum Vorschein kommt, wenn man eigentlich nur das Taschentuch rausziehen will, plötzlich aber in den Seidentanga schnäuzt, hier mein kleiner Tipp: Überraschungseier!

Ja, genau, die kleinen gelben Dinger, wo immer diese drolligen Figuren drin sind, die man früher im Setzkasten sammelte. Kennt ihr das noch, diese Miniregale mit allerlei Spielkram drin? Reine Staubfänger, aber die Plastikeier sind toll, denn die haben genau die richtige Größe für einen Mini-String. Das Reinstopfen erfordert zwar ein bisschen Übung, aber einmal drin, ist es optimal verpackt und erspart einem peinliche Momente, weil so keine eindeutigen Absichten vorschnell ans Licht kommen, falls euer Date schon am Anfang des Abends eure Buchse in eurer Tasche entdecken sollte. Stattdessen gibt es hoffentlich später, getreu dem Ü-Ei-Motto, Spiel, Spaß und Spannung …

Bevor ihr euch auf den Weg zum Date macht, solltet ihr euch schnell fotografieren. Ihr werdet sehen, dass es ein Riesen-Unterschied ist, ob ihr in den Spiegel guckt oder euch auf einem Foto anschaut. Ich mache das jedes Mal, bevor ich das Haus verlasse. Es kostet ja nichts mehr. Früher, mit den Polaroids, wäre das auf Dauer eine ziemlich teure Angelegenheit geworden, aber mit den Handys heute ist das ja alles kein Problem mehr. Außerdem könnt ihr, wenn ihr unsicher seid, das Foto auch noch schnell eurer Freundin schicken. Aber nur eurer allerbesten, denn die ist die einzige, die ehrlich genug ist, euch auch zu sagen, wenn ihr scheiße ausseht.

Und das ist wichtig, denn was nützt die ganze Schönrederei und dieses Du-ich-weiß-nicht-wie-ich-es-dir-sagen-soll-aber-Getue, wenn du mit einem komplett misslungenen Outfit losziehst?

Da solltet ihr einmal meine Schwester treffen. Kabautz, voll auf die Zwölf – die haut mir ohne Umwege ihre Meinung ins Gesicht. Und womit? Mit Recht. Schließlich müsste ich sie ja nicht fragen, wenn ich es nicht wissen wollte. Also nicht beleidigt, sondern dankbar sein, wenn euch jemand die Wahrheit sagt – positiv oder negativ. Im Zweifelsfall seid ihr vor einer großen Peinlichkeit bewahrt worden.

Beim Thema Schmuck fürs erste Date ist Fingerspitzengefühl gefragt. Und obwohl gerade ich es ja gerne mit »nicht kleckern, sondern klotzen« halte, fresse ich an dieser Stelle meine eigenen Worte und sage: »Weniger ist mehr.«

Das heißt: Wir wollen weder Harald Glööckler noch Mister T. vom A-Team Konkurrenz machen. Peinliche Schmuck-Orgien überlassen wir großzügigerweise dem anderen Geschlecht. Dass die aber auch nie wissen, wann Schluss ist ...

Das wiederum bedeutet nicht, dass wir wie Angela Merkel daherkommen müssen: keine Ohrringe, keine Ringe (die trägt noch nicht mal einen Ehering!), kein Armband – gut, Ketten hat sie oft um. Was die Modellauswahl angeht, kann ich nur sagen: Geschmäcker sind nun mal verschieden.

Wir beschreiten hier einfach mal den Mittelweg –

und das ist keinesfalls zu verwechseln mit Mittelmaß …
Erlaubt sind:

Dezenter Ring — Betonung liegt auf dezent. Wenn ihr gleich mit einem Riesen-Bling-Bling-Teil erscheint, verschreckt ihr den Guten. Der fängt dann sofort an zu rechnen, was ihn der Unterhalt dieses Weibchens in Zukunft kosten könnte, und kommt angesichts der geschätzten Karatzahl schnell zu dem Ergebnis: Kann ich mir nicht leisten. Dass die Steinchen wahrscheinlich doch eher unecht sind, kann der Gute ja nicht wissen, wenn er nicht gerade Juwelier ist. Dann ist der Abend schon gelaufen, bevor er richtig begonnen hat. Also lieber eine Nummer runterfahren. Und steckt euch bloß keine Freundschaftsringe von früheren Eroberungen an den Finger. Ihr wollt doch auch nicht, dass er ein Foto seiner Ex mit sich rumschleppt.

Die Uhr ist wichtig, um zu wissen, wann es Zeit fürs Bettchen (und zwar das eigene!) ist. Ein erstes Date sollte nie länger als drei Stunden dauern. Genug Zeit, um sich kennenzulernen, aber auch nicht so viel, dass man sich schon seine komplette Lebensgeschichte anvertraut. Schließlich soll man ja für die nächsten Treffen auch noch Gesprächsstoff haben. Ein Blick aufs Handgelenk ist dezenter, als ständig das Handy rauszukramen. Und wo wir schon mal dabei sind: Nein, ein Handy gehört nicht auf den Tisch, unter keinen

Umständen, das ist definitiv ganz schlechter Stil. Wenn wir mailen, simsen oder whatsAppen wollen, hätten wir zu Hause bleiben können. Auch bei der Armbanduhr gilt, je dezenter, desto stilvoller. Die schöne dicke Gold-Rolex kann er uns später ja mal schenken, wenn es denn unbedingt sein muss.

Bei Kette und Ohrringen gilt: Ihr solltet euch für eins von beiden entscheiden. Der Vorteil vom Halsschmuck ist, dass ihr durch die Kette den Blick zum Dekolleté lenkt. Durch die Wahl des Anhängers und die Länge der Kette kann man sogar die Augen des Mannes ziemlich präzise fernsteuern. Vielleicht habe ich deshalb fast immer eine Kette um.

Eine der sinnlosesten Erfindungen der letzten zehn Jahre ist übrigens die Fett-weg-Schummel-Unterwäsche – außer natürlich für deren Erfinderin, die schon allein dadurch megareich wurde, weil wir an ihre Idee glaubten und deshalb arm wurden, als wir ihre Teile kauften.

Dabei klingt es so toll: Mit einem Schwups sind drei Kilo weg. Aber wo sind sie denn hin? Ich habe ja keine Ahnung von Physik, aber das leuchtet ja sogar mir ein, dass Masse, in diesem Falle bedauerlicherweise Fett, die nur um wenige Zentimeter verschoben wird, eben Masse bleibt, nur an einer anderen Stelle. Wenn ich also mit der Schummel-Wäsche auf die Waage steige, habe ich immer noch die unerwünschten drei Kilo zu viel drauf.

Außerdem sehen drei Kilo weder an der einen noch an der anderen Stelle gut aus, wenn sie nun mal überflüssig sind. Wenn ich mir überlege, wie viele Frauen – ich inklusive – sich schon in die meist fleischfarbenen Bauch-Wegdrück-Dinger gepresst haben, kann ich sofort schlechter atmen. Die Kilos bleiben, der Frust bleibt – nur das schöne Geld ist weg.

Alleine das Anziehen! Sich einen Fahrradschlauch überzustülpen ist dagegen ein Kinderspiel. Vom Ausziehen ganz zu schweigen. Dazwischen wird jedes Luftholen zur Qual und Toilettenbesuche quasi unmöglich.

Am schlimmsten finde ich aber diese Hab-Acht-Stellung. Lass bloß niemanden über deinen Rücken streicheln, denn das merkt ja sogar ein Fingeramputierter, dass das Hosenbündchen zwanzig Zentimeter zu hoch sitzt, um auch nur noch im Entferntesten was mit sexy Unterwäsche zu tun zu haben.

Diese Dinger sind die größte Frauenverarsche, seit es Intim-Shampoo gibt (auch so ein Schwachsinn, den keine Frau braucht). Und auch wenn Hugh Grant bei Bridget Jones so tut, als würde er auf die Ganzkörper-Kondome stehen: Das ist gelogen!

Wir müssen der Tatsache einfach ganz fest ins Auge sehen: Hundert Kilo bleiben hundert Kilo – egal wie man sie auch immer wohin schiebt. Und wisst ihr was: Hundert Kilo können soooo sexy sein!

Worauf es nämlich ankommt, ist, sich sexy zu fühlen, denn dann ist man auch sexy! Und das kann jede von uns, sexy sein – ob mit oder ohne ein bisserl Bauch- oder Hüftspeck. Und ich sage euch, meine nicht repräsentativen, aber garantiert zuverlässigen Umfragen in eigener Sache haben immer wieder ergeben: Männer mögen so ein bisschen Mäusespeck. Ich bin damit auf jeden Fall immer ganz gut angekommen, und ich stand definitiv noch nie im Verdacht, zu wenig auf den Rippen zu haben.

Deshalb hört auf mit diesem Runterschummel-Quatsch! Ich kenne ja Frauen, die nähen sich in ihre Kleider in Größe 38 ein Etikett mit einer 34 (wo auch immer die das her haben). Warum? Oder besser: für wen? Schon mal einen Mann gesehen, der kurz bevor es zur Sache geht, die Klamotten vorm Bett zusammenklaubt und sich erst mal die Größen anguckt? Und was, wenn er es doch täte und er nun eine 38 finden würde? Schmeißt er die Braut dann umgehend raus, frei nach dem Motto: »Du, sei nicht böse, aber ich mach's nur mit 34ern?« Das ist natürlich absoluter Schwachsinn. Die meisten Männer haben null Ahnung von Kleidergrößen und halten die 34 im Zweifel für eine Altersangabe.

Also steht zu euren Pfunden! Hungerhaken gibt's genug und werden sowieso nur von Frauen beneidet. Männer stehen gar nicht auf diese Klappermodelle. »Lieber auf dem Fett geschwabbelt als auf den Knochen gerappelt«, besagt so ein uralter Macho-Spruch. Also schämt euch nicht, und setzt eure Figur einfach nur ins rechte Licht. Betonen, statt zu verstecken, das ist der ganze Trick. Das kann man auch immer wieder bei den ganz großen Stars sehen.

Nehmen wir mal J.Lo und Beyoncé: Beide haben einen mächtigen Hintern. Mächtig sexy, aber für Hollywood-Maßstäbe auch mächtig breit. Und was machen sie? Hüllen sie sich in sackartige Gewänder? Tragen Blusen, die bis zu den Knien gehen? Weite, bodenlange Röcke? Nichts von alledem. Sie zwängen sich in die engsten Pencil Skirts, die es gibt. Sie lassen sich in figurbetonte Kleider einnähen und streifen sich die knappsten Röhrenjeans über. Kurz, sie setzen ihr bestes Stück, den Hintern, gekonnt in Szene. Betonen, was man ohnehin nicht verstecken kann. J.Lo und Beyoncé fahren ganz gut damit, oder? Bei denen können wir uns noch richtig was abgucken.

Unten ohne ist auch so ein Thema, auf das ich immer wieder angesprochen werde. Am Anfang wusste ich gar nicht, worum es geht. Unten ohne – ohne was?

Ohne Socken? Manchmal! Ohne Haare? Immer! Ohne Slip? Niemals!

Aber doch, das machen mehr Frauen, als man denkt. Wo nichts ist, kann auch nichts auftragen. Zugegeben, es möchte niemand, dass sich unter engen Seidenkleidern die Buchse abzeichnet, denn das ist nun wirklich unsexy.

Aber mit so gar nichts an? Nee, da habe ich immer Angst, dass ich ein Vakuum ziehe. Stellt euch mal vor, da sitze ich nachher auf irgend so einem Kunstlederteil, der Rock verrutscht – und auf einmal macht es »plopp«, wenn ich aufstehe. Wie peinlich wär das denn bitte schön? Außerdem hat meine Oma schon immer gesagt, »zieh dir was an, sonst holst du dir was an der Blase«, und daran halte ich mich bis heute. Also: Unten ohne gehe ich nicht vor die Tür.

Sexuelle Fantasien hin oder her, bei mir gilt die eiserne Regel: Die Schnecke bleibt so lange eingepackt, bis ich sage, dass Bescherung ist.

Die Unterwäsche ist ja auch so ein heikles Thema. Die Höschen, die bequem sind, sind ja meistens nicht sexy. Die, die sexy sind, zwicken gerne in der Ritze und der Schnecke. Abgesehen davon machen sie eine Heidenarbeit bei der Wäsche. Man kann ja die schöne Spitzenwäsche nicht einfach so in die Waschmaschine schmeißen und dann bei dreißig Grad sauber machen. Da ist die Spitze ja bald im Arsch. Also muss man sie mit der Hand waschen. Danach kann man sie natürlich auch nicht in den Trockner packen, sondern man muss sie vorsichtig ausdrücken und auf einem Handtuch trocknen, und das bloß nicht in der Sonne oder auf der Heizung. Ganz schön viel Aufwand, um einen Typen im Zweifelsfall so ein bisschen anzutörnen. Über den Anschaffungspreis will ich da gar nicht erst reden.

Und jetzt kommt's nämlich: Während wir glauben, je knapper und durchsichtiger, desto besser, denken ganz viele Männer: So ein bisschen mehr Stoff hat auch was. Ja, tatsächlich, der von uns Frauen so verpönte Schlüpfer à la Oma-Modell kommt gerade bei den jungen Kerlen ganz gut an. Schiesser hat damit eine Riesenwelle losgetreten. Man wundert sich, wo die Buchsen überall hängen, in coolen Berlin-Mitte-Läden, in stylischen New-Yorker Departement-Stores, in den trendigsten Pariser Kaufhäusern. Baumwoll-Ripp ist angesagt, gerne auch mit dem dazu passenden Unterhemdchen.

Von wegen weniger ist mehr.

Wenn ich da allerdings so drüber nachdenke, ist das ja auch ganz verständlich. Männer packen eben einfach gerne aus. Da muss einem ja nicht gleich der Busen ins Gesicht springen, sobald man den ersten Knopf der Bluse öffnet. Und schon gar nicht der komplette Hintern freigelegt werden, wenn man die Jeans nur ein Stück runterzieht. Oder noch schlimmer, dass man schon alles sieht, bevor man sich überhaupt auszieht – ich sage nur: Hüftjeans, die lassen unaufgefordert in jede Ritze blicken, wenn sie denn nicht Schlüpfer-geschützt ist.

Das beste Beispiel sind doch die Erotiktänzerinnen à la Dita von Teese. Die haben immer diese breiten Hüfthalter-Unterhosen – am besten aus glänzender Seide mit einer schönen Spitzenborte. Viel Stoff, der viel verhüllt, aber unheimlich sexy ist.

Wo wir gerade beim Hüfthalter waren, kommen wir nun zu den Seidenstrümpfen. Das ist natürlich eine maßlose Übertreibung, denn wer von uns trägt heute schon noch echte Seide an den Beinen – ich meine also Nylons. Was ich davon halte, kann ich euch sagen: Nichts! Ich bin absolut kein Fan von diesen einengenden, immer rutschenden, gerne reißenden, nie sexy aussehenden Braucht-kein-Mensch-Beinkleidern.

Dann doch lieber gleich nackt. Was gibt es denn Schöneres als ein frisch rasiertes, gut gecremtes, leicht gebräuntes Frauenbein – insbesondere die Wade, wenn sie zum Beispiel aus einem engen, knielangen Bleistiftrock rausguckt? Männer werden verrückt, wenn sie das sehen. Und kein Strumpf der Welt kann diesen Anblick steigern. Was soll also diese dämliche Schutzschicht?

Ja, ja, ich weiß, manchmal ist es kalt draußen. Na und? Arbeitest du auf der Straße? Gut, dann ziehe eine dicke Strumpfhose an, sei unsexy und gut ist. Dann sollte man lieber gleich eine Hose anziehen – meinetwegen sogar noch mit einer langen Unterhose drunter.

Da bin ich wirklich streng: Ich finde, wer nicht draußen arbeitet, hat kein Recht auf Strümpfe unterm Rock! Das hat Karl Lagerfeld übrigens auch mal gesagt, und können sich Kaiser Karl und die Katze da etwa täuschen?

Das eigentliche Problem ist doch, dass es keine schönen Strümpfe gibt. Die Stay-ups mit den hübschen Spitzenborten halten entweder nicht und rutschen dann minütlich immer tiefer nach unten, oder aber sie sind so eng, dass es schon weh tut und sie nach dem Ausziehen unschöne Abdrücke hinterlassen. Mal ganz davon abgesehen, dass das Oberschenkelfett an der Abschlusskante gerne etwas überquillt. Wenn ihr einen Mann kennt, der das sexy findet – bitte melden. Oder noch besser – gut festhalten!

Dann gibt es natürlich noch Strapse, aber die nerven im Alltag ungemein. Sicher, sie sind eine tolle Männerfantasie und deshalb in fast jedem Erotikstreifen zu besichtigen. Leider sind sie aber auch kompliziert an-

und abzulegen und tragen fürchterlich auf unter engen Röcken.

Und über Strumpfhosen müssen wir, glaube ich, gar nicht ernsthaft sprechen. Die sollte man mit spätestens vier, fünf Jahren abgelegt haben. Dann, wenn man anfängt sich selbst anzuziehen und ein Wörtchen bei der Kleiderauswahl mitzureden hat. Sie sind unbequem, schnüren den Bauch ab, zwicken im Zwickel, sind für Frauen mit langen Fingernägeln wie ich meist Einweg-Produkte (schöne Grüße von der Laufmasche) und gelten bei Männern als eine Art Verhütungsmittel.

Kommen wir nun noch mal zurück zu unserem besten Stück: dem Kopf. Ich würde zum Date die Haare immer offen tragen. Das ist weiblich, sexy und macht jünger. Für alle mit modernem Kurzhaarschnitt – also Pixie Cut – stellt sich diese Frage, offen oder hochgesteckt, nicht. Auch praktisch, eine Entscheidung weniger, die zu treffen ist.

Offene Haare gehen natürlich nur, wenn sie frischgewaschen sind. Das sollte man am besten schon einen Tag vorher erledigen, das ist immer noch frisch genug. Denn wie oft habe ich schon mit Föhn, Glätteisen oder Lockenstab im Badezimmer gestanden und geflucht?! Die Frisur klappt doch immer dann nicht, wenn man sie am dringendsten braucht. Deshalb einen Tag Puffer einplanen und ohne Stress toupieren, ondulieren, föhnen, drehen, wickeln und – voilà – perfekter Sitz.

Wenn man übrigens unecht blond ist – so wie zum Beispiel ich es bin (für alle, die es bisher nicht gewusst haben) –, dann heißt Date mit Mann auch immer Termin mit Tube, also unbedingt frisch färben. Ja, das ist lästig, aber Schönheit hat nun mal seinen Preis. Damit ist allerdings nicht Kohle gemeint, das ist ohnehin eine Ausrede, die ich nicht gelten lasse. Gut zu riechen und gepflegt auszusehen hat nullkommanix mit Geld zu tun. Nein, es hat nur mit Disziplin zu tun. Ja, es kostet Zeit, sich die Haare zu pflegen, die Nägel zu machen und Make-up aufzulegen, aber das ist man seinen Mitmenschen und vor allem sich selbst schuldig. Basta – keine Diskussion!

Wenn wir im Badezimmer schon in Sachen Haare unterwegs sind, können wir uns auch gleich noch der restlichen Körperbehaarung zuwenden. Ihr wisst ja, das beste Verhütungsmittel von allen heißt »nicht rasieren, schön stoppelig lassen«. Ich gebe euch die Garantie drauf, dass dann nix läuft, es sei denn, ihr trefft einen alten Nena-Fan aus den 80er Jahren – denn dann kann sie losgehen, die kleine Haar-Horrorshow. Aber das will doch heutzutage kaum noch einer, oder?

Eine Freundin erzählte mir, dass der Trend von

komplett nackig jetzt wieder zu etwas mehr Haar in der Bikini-Zone gehen würde. Ich solle mir nur mal den neuen Playboy angucken, da wären immer mehr Landing Stripes mit Tendenz zur Buschpiste in mühsam gekürztem Serengeti-Gras statt Brazilian Waxing zu sehen. Nun gut, also entscheidet euch zwischen wachsen (mit Wachs) oder wachsen (mit viel Zeit). Ich muss ja nicht jeden Trend mitmachen, denn ich bevorzuge Kahlschlag – allerdings per Rasierer!

Treten wir jetzt noch mal einen Schritt zurück und schauen uns im großen Ganzkörperspiegel an. Wichtig für den Gesamteindruck ist, dass euer Date meinen könnte, ihr lauft – mehr oder weniger zumindest – immer so rum. Jedes Gefühl von Verkleidung solltet ihr vermeiden. Ihr wollt ja in seine Arme und nicht zum Karneval. Außerdem wirkt ihr so viel authentischer. Ihr werdet sehen, dass sich das gleich auf eure ganze Ausstrahlung überträgt.

Gleichzeitig gilt: Je wichtiger euch der Typ ist, mit dem ihr euer erstes Date habt, desto mehr Zeit solltet ihr euch für die Vorbereitung nehmen. Wenn ihr also meint, euren Traummann gefunden zu haben, dann legt los mit einem generalstabsmäßigen Beautyprogramm – vom Scheitel bis zur Sohle.

Klar kann man mit absplitterndem Nagellack zur

Verabredung gehen. Das ist eben auch eine Aussage, nämlich in etwa diese: »Sorry, ich hab's nicht mehr geschafft, mich richtig chic zu machen. Es gibt Wichtigeres in meinem Leben zu tun, das sind doch nur Äußerlichkeiten.« Ja, stimmt, aber genau darauf kommt es doch beim ersten Mal an!

Für den ersten Eindruck hat man niemals eine zweite Chance. Von wegen, auf den zweiten Blick ist er oder sie gar nicht so übel. Das mag bei dem ein oder anderen Glücklichen stimmen – ich habe in Sachen Dating noch nie im Leben die Chance auf den Recall bekommen, wenn ich nicht top vorbereitet war. Aber – um ganz ehrlich zu sein – auch nicht gegeben. Also spielt diesen Termin bloß nicht runter. Der Auftritt beim ersten Date ist auf seine Art genauso wichtig wie ein Vorstellungsgespräch, die Führerscheinprüfung oder ein Astronauten-Eignungstest. Wenn man es beim ersten Mal verkackt, war es das.

Das gehört in jede Handtasche

LIPGLOSS

Mindestens drei Stück! Verschiedene Stimmungen erfordern verschiedene Farb- und Geschmacksrichtungen – von süß-romantischem Rosé über sexy-verruchtes Rot bis zu Meine-Lippen-sind-schon-ganz-feucht-nun-küss-sie-endlich naturfarbenem Gloss, der bei Knutschereien keine Spuren hinterlässt.

WECHSELSCHLÜPFER

Klar, ich weiß, ihr habt ohnehin schon euren schönsten und besten angezogen, nachdem ihr so lange geduscht habt wie selten und euch dann mit der edelsten Bodylotion, die ihr besitzt, eingecremt habt. Ihr seid also bereit – und zwar für alles. Und trotzdem oder gerade deshalb würde ich einen zweiten Ministring mitnehmen. Wer weiß, vielleicht bleibt eurer ja in der Hitze des Gefechts auf der Strecke – oder hat euch noch niemand das Höschen vom Leib gerissen? Dann wird's aber höchste Zeit!

MINI-DEO

Der Alleshelfer! Vielseitig einsetzbar vom Scheitel bis zur Sohle – hilft bei Käsefüßen (und die haben wir alle, ja, auch ich, wenn wir im Sommer barfuß in Schuhen unterwegs sind) und Aufgeregtheits-Schweiß unter den Achseln. Und uns wird bestimmt heiß, denn das ist doch das erklärte Ziel bei einem Date, oder?

KONDOME

Nachzulesen auf Seite 139, warum die in keiner noch so kleinen Tasche fehlen dürfen, wenn Ihr auf dem Weg zu einem Date seid.

MUNDSPÜLUNG

Frischer Atem ist das A und O. Da könnt ihr euch noch so toll zurechtgemacht haben,

wenn ihr aus dem Mund riecht, wird er nur noch wenig Lust haben, euch zu küssen. Ob Bier- oder Knoblauchfahne, zu viele Zwiebeln oder Harzer Roller — einmal gurgeln, und er wird euch noch viel unwiderstehlicher finden als ohnehin schon.

PORTEMONNAIE

Wozu, könnt ihr jetzt fragen, er wird doch wohl zahlen? Ja, soll er auch, aber trotzdem: Selbst ist die Frau. Lieber haben als brauchen. Wenn euch das Date zu blöd wird, könnt ihr jederzeit verschwinden, und ihr habt euer Bus- oder Taxigeld dabei. Begebt euch bloß nie in die Abhängigkeit von irgendeinem Kerl!

HANDSPIEGEL

Der ist in vielen Situationen sehr hilfreich. Hängt noch was vom Abendessen zwischen den Zähnen? Kurzer Blick in die Handtasche, so, dass er es noch nicht mal merkt. Sehr viel eleganter und dezenter, als das Handy auf Foto-modus zu stellen und darauf zu gucken.

SCHLÜSSEL

Den dürft ihr bloß nicht vor lauter Aufregung vergessen, denn irgendwann müsst ihr auch mal wieder nach Hause. Dafür braucht ihr keinen Autoschlüssel, da man zu seinem ersten Date nicht mit dem Auto fährt, denn meistens trinkt man da Alkohol! Und den Peinlichkeitsfaktor »Frau am Steuer« sparen wir uns lieber für später auf.

SOS-SCHMINKTÄSCHCHEN

Mit wirklich nur dem Allernötigsten, als da wären: Concealer, Wimperntusche, Highlighter oder Lidschatten, Rouge, getönte Tagescreme, Pudertücher, Lipliner, Mini-Fläschchen vom Lieblingsparfüm, Kleber (falls ihr falsche Wimpern tragt), Nagelfeile, Handcreme, Pflaster (zumindest, falls ihr neue Schuhe tragt, denn dann läuft man sich meistens Blasen), Kopfschmerztablette, die Pille (könnte ja sein, dass ihr heute Nacht nicht zu Hause schlaft), für alle Kontaktlinsenträger noch die Linsen-Flüssigkeit – fertig ist das Emergency-Kit.

TASCHENTUCH

Auch ohne akuten Schnupfen ist es immer gut, eins dabeizuhaben. Vielleicht bekommt ihr vor Aufregung schweißnasse Hände, oder ihr müsst vor lauter Romantik anfangen zu weinen; dann aufgepasst, dass eure Wimperntusche nicht verläuft. So ein Tuch nimmt kaum Platz weg und ist von großem Nutzen.

KAMM ODER BÜRSTE

Je nach Haarbeschaffenheit und Länge, wobei der Kamm natürlich sehr viel platzsparender ist.

HANDY

Für den Notfall, damit ihr eurer besten Freundin schreiben könnt, wenn es blöd und/oder peinlich wird: »Bitte ruf mich an, und hol mich hier raus!« Ihr wird schon etwas Gutes einfallen, warum ihr leider sofort los müsst – schade aber auch!

STIFT

Es kann immer sein, dass man sich oder seinem Date etwas notieren will — eine tolle Band, die man sich mal anhören soll, oder einen guten Film zum Beispiel. Ich finde es immer noch charmanter, sich etwas auf einen Bierdeckel oder eine Serviette aufzuschreiben, als es einfach so ins Handy zu tippen. Wenn ihr keinen Kugelschreiber dabeihabt, geht auch ein Kajalstift.

AUGENTROPFEN

Weißmacher-Tropfen sorgen für einen klaren, strahlenden Blick, und das ist besser als jedes noch so ausgefallene, in mühevoller Handarbeit aufgetragene Augen-Make-up.

Ihr merkt, obwohl wir uns beim Taschepacken nur auf das Allernötigste beschränken, kommt doch ganz schön was zusammen. Mir ist es deshalb auch immer ein Rätsel, wie die ganzen Hollywood Stars das mit ihren Mini-Mini-Täschchen machen, wenn Sie über den roten Teppich marschieren – da passt ja nun so gar nichts rein.

Obwohl, des Rätsels Lösung ist relativ simpel: Die brauchen ja gar nichts, weil ihnen alles hinterhergetragen wird! Geld? Wozu – die Limousine wartet für die vor der Tür, und auf den Premieren und Galaabenden ist alles umsonst. Irgendeine Art von Make-up-Auffrischer? Pah, die haben doch ihren persönlichen Stylisten dabei, der garantiert ein Kofferset mit Tuben, Bürsten, Schwämmchen, Döschen und ich weiß nicht was hinter sich herzieht. Schlüssel? Die Haushälterin macht nachher schon auf! Handy? Trägt ihr Persönlicher Assistent für sie und stellt an besonderen Abenden natürlich nur die ganz wichtigen Anrufe durch.

Tja, dann brauchen sie wirklich nur noch ein Taschentuch (für die Freudentränen, wenn sie ihren Preis entgegennehmen – wahlweise Golden Globe, Emmy, Oscar, MTV-Award oder sonst was), den Wechselschlüpfer und das Kondom. Und das alles passt nun wirklich in die winzigste Tasche.

4. Katze trifft Kater

oder
WENN LIEBE FÄDEN ZIEHT

....

Liebe geht ja bekanntlich durch den Magen, und vielleicht hat es sich darum durchgesetzt, beim ersten Date miteinander essen zu gehen. Blöd ist nur, dass nichts auf Dauer im Magen bleibt, sondern alles weiter durch den Körper wandert und schließlich im Darm landet. Ja, das will immer keiner hören, aber es ist doch die ganze, unromantische Wahrheit.

Mit Wahrheit haben unsere Idealvorstellungen von einem romantischen Date allerdings nicht viel zu tun.

Es ist aber auch zu süß, wie immer diese verliebten Paare in der Werbung sitzen und sich gegenseitig füttern. Da flackern die Kerzen auf dem schön gedeckten Tisch am Strand, auf der Dachterrasse, vorm Springbrunnen oder sonst wo – das will ich jetzt natürlich auch haben! Dumm nur, dass ich zu Hause weder einen Brunnen noch eine Sandkiste mit Strandfeeling, geschweige denn eine Dachterrasse habe.

Und wehe, ich mache mal Kerzen auf meinem Mini-Balkon an. Keine drei Minuten brennen die. Pfffffff – erster Windhauch, aus. Neuer Versuch, neues Pffffffff – wieder aus. Romantisches Candlelight-Dinner? Von wegen, das ist eine reine Hollywood-Erfindung, kann ich euch sagen!

In Wirklichkeit läuft so ein Date natürlich ganz anders ab. Da sitzen wir weniger romantisch bei Elektrolicht und Ausblick auf den Parkplatz beim Italiener um die Ecke, der auch noch einen Lieferservice betreibt, weshalb ständig die Fahrer an uns vorbeilaufen und gut riechende Pizzakartons in die Nacht tragen, während uns schon der Magen auf den Knien hängt.

Wenn das Essen dann doch kommt, versuchen wir uns in Romantik und füttern uns gegenseitig, genau so wie in der Werbung. Hier eine Gabel Tortellini – Glück gehabt, fast hätte er mir in die Oberlippe gepiekst, dabei ist die doch auch ohne nachzuhelfen dick genug.

Da ein Löffelchen Tiramisu – noch mal Glück gehabt, die Pampe wäre fast auf meinem Rock gelandet. Irgendwie erinnert mich das schwer an die Zeiten, als Mama den verhassten Spinat in uns hineinstopfte. Nur trugen wir damals abwischbare Lätzchen und waren im Hochstuhl festgezurrt.

Was auch immer zwei erwachsene Menschen zu diesem Rückfall in längst überwundene Zeiten treiben kann, sie stecken sich also gegenseitig irgendwelche Leckereien in den Mund und tun so, als ob es schmeckt. Mmmmh, lecker. Schmatz. Nur eins sollte euch klar sein – abgesehen von Kim Basinger und ihrer Honig-Erdbeer-Sahne-Orgie vorm offenen Kühlschrank in *9 ½ Wochen* (ja, das war Energieverschwendung, aber es sah einfach toll aus!): Essen ist nicht sexy!

Essen ist Nahrungsaufnahme, geht viel zu oft mit rülpsen, schmatzen und pupsen einher, und der Weg des Essens ist eine Einbahnstraße, an dessen Ende immer nur eins bei rumkommt – Scheiße. So, das sind die Tatsachen! Fragt sich nun, warum wir uns dann immer noch beim Essen daten, aber wenn es schon so ist, sollten wir wenigstens das Beste draus machen.

Das fängt bei der Wahl des richtigen Essens an. Ich sag euch erst mal lieber, wovon ihr auf jeden Fall die Finger lassen solltet: zum Beispiel von Spaghetti und La-

sagne oder Pizza und überhaupt allem, was lange Käse-
fäden ziehen kann – es sei denn, du heißt Susi und hast
eine Verabredung mit Strolch (ich liebe die Szene in
dem Disney-Klassiker, wo sie beide dieselbe Spaghetti-
nudel einsaugen – so süß)! Wenn es unbedingt Nudeln
sein sollen, dann lieber die kurzen, also Penne, Farfal-
le oder Rigatoni und wie sie alle heißen. Hauptsache,
die Nudeln passen gut auf die Gabel und mit einem
Schwups in den Mund, ohne große Kleckergefahr –
schließlich haben wir eine weiße Bluse an.

Auf keinen Fall solltet ihr auch Hamburger oder
Döner bestellen. Egal wie lecker das Zeug auch ist,
man kann es nicht sexy essen. Das geht nicht. Selbst
die Mini-Ausgabe der Macs und Co. lassen euch wie einen Breitmaulfrosch aussehen. Die Mayonnaise tropft
links raus, der Ketchup rechts, der Salat bleibt zwischen den Zähnen hängen – keine Chance, die Dinger
auch nur halbwegs unfallfrei aus der Pappschachtel in
den Mund zu befördern. Das Einzige, was passieren
könnte, ist, dass der Mann sich denkt: Boah, die ist ja
lässig und matscht hier so locker mit dem Burger rum.
Aber ihr wollt ja nicht sein Kumpel sein, mit dem er
ekliges Zeug essen kann, sondern eine Frau, die er begehrenswert findet, also verhaltet euch auch so.

Ist dann vielleicht Suppe die Lösung? So ein bisschen etepetete mit dem Löffel auf dem Teller rühren

und dann mit spitzen Lippen erst pusten, dann saugen? Nee, auch keine gute Idee. Akute Schlürfgefahr!

Beim Fisch gibt's immer das Risiko von heimtückischen Gräten. Nachher sitzt ihr mit Erstickungsanfall im Krankenhaus statt auf seiner Couch – und bekommt eine unangenehme Speiseröhren-Spiegelung statt zärtlicher Zungenküsse.

Salat kann ich euch nur als Vorspeise empfehlen, denn als Hauptgericht macht er den meisten Jungs Angst. Also nicht der Salat, aber Salat-Esserinnen, denn die wirken immer so verbiestert und freudlos. Da ist sogar von »Salat-Zicken« die Rede, die einen ganz komischen Ruf haben, nämlich dass sie – anders als man bei dieser Karnickel-Nahrungsaufnahme denken könnte – gar keine guten Betthäschen seien.

Tja, was bleibt denn da überhaupt noch? Irgendwas muss man schließlich essen, wenn man sich zum Essen gehen verabredet.

Die Lösung heißt: Tapas. Die sind vorportioniert in angenehme Häppchengröße, man kann sie mit den Fingern essen, und es ist für jeden Geschmack was dabei. Das wirkt appetitlich, aber nie verfressen.

Was auch immer geht, ist ein gutes Stück Fleisch. Das ist ehrlich, das mag jeder, und es zeigt, dass man gelernt hat, mit Messer und Gabel umzugehen.

Wenn ich selbst ein Liebes-Dinner kochen müsste,

was zugegeben nur unter Androhung von fieser körper-
licher Gewalt geschehen würde, wäre es das folgende
Drei-Gänge-Menü:

ERSTER GANG:

Käsespieße, wahlweise auch Leberwurstspieße oder gleich beides. Hauptsache Spieße

Ich finde diese Zahnstocher-Häppchen ungemein
praktisch. Die sind schnell vorbereitet, also
irgendwas raufgeschoben, dabei sind sie elegant
und lassen sich gleich doppelt benutzen,
denn manchmal hängt ja doch irgendwo was fest.
Für mich das Nonplusultra in der Küche.

....

ZWEITER GANG:

5-Minuten-Terrine

Damit es nicht ganz so auffällt, dass man hier
nicht mehr getan hat, als ein bisschen heißes
Wasser über komische Krümel zu gießen, kann man
das fertige Fertiggericht noch in ein hübsches
Schälchen umfüllen, bevor man es serviert.

Alternativ: Toast Hawaii

Das ist so schön idiotensicher. Eine Scheibe
Toast mit einem Stück Schinken, einem
Scheiblettenkäse und ein bisschen Dosenananas
drauf in den Backofen, bis der Käse
geschmolzen ist, das kriege sogar ich noch hin.
Und das will was heißen, wo ich doch
der Küchen-Analphabet schlechthin bin.
Und obenauf dann noch die knallrote Kirsche —
wenn das mal nichts hermacht!

. . . .

DRITTER GANG:
Windbeutel aus der Tiefkühltruhe

Das ist gar nicht so simpel, wie es scheint,
da man auf keinen Fall den richtigen Zeitpunkt
verpassen darf, die Packung aus dem Eisfach
zu nehmen. Nicht zu spät, denn wir wollen uns
an den kleinen Dingern schließlich nicht die
Zähne ausbeißen. Aber auch nicht zu früh, sonst
haben wir nur Matschbeutel auf den Tellern.

Gut, ich nehme mal stark an, dass ich es mit meinem Menü-Vorschlag nicht in eine der 350 000 Kochshows im Fernsehen schaffe. Aber das macht nichts, ich habe ja schon meine Sendung. Ihr seht jedenfalls: Auch ich weiß, was ich tue, wenn ich mich denn schon mal mehr oder weniger freiwillig an den kaltbleibenden Herd stelle.

Ich bin keine Köchin, und ich habe auch noch nie behauptet, eine zu sein. Das ist wichtig. Gebt bloß nie vor, was zu sein, das ihr nicht seid. Vor allem nicht bei der ersten Verabredung!

Ich habe bei einem Typen mal mit dem Führerschein geflunkert – oder sollte ich besser sagen: geprotzt. Jedenfalls habe ich behauptet, dass ich ihn schon hätte, obwohl ich noch nicht einmal in der Fahrschule angemeldet war, geschweige denn meine erste Fahrstunde hatte.

Flog natürlich sofort auf, der Schwindel. Der Typ bat mich doch allen Ernstes, den Wagen für ihn nach Hause zu fahren, da ich doch ohnehin nichts trinken würde. Nein, das konnte ich natürlich nicht. Wie denn auch, wenn ich noch nicht mal Gas und Bremse unterscheiden konnte. Und kuppeln – das hatte für mich was mit Partnersuche zu tun. Ich musste dann zugeben, dass ich doch noch keinen Lappen habe. Ein jämmerliches Gefühl, dass könnt ihr mir glauben! Und der hat mich vielleicht ausgelacht!

Also: Lügen lohnt sich nicht. Insbesondere beim Alter! Da schwindeln wir ja alle mal ganz gern. Wenn wir jung sind, machen wir uns ein bisschen älter – »klar bin ich schon sechzehn und darf ein Bier trinken«. »Natürlich können wir zusammen in den Club gehen, ich bin doch schon lange achtzehn.«, »*Die Nacht der lebenden Toten*, kein Problem, ich komme in jeden Film.«

Später, so ab dreiundzwanzig Jahren, lügen wir dann andersrum. Schließlich kann man nicht früh genug damit anfangen, sich jünger zu machen – wer soll einem denn sonst später mit achtunddreißig Jahren glauben, dass man erst zweiunddreißig ist? Aber ich sage euch – es ist zwecklos. Es kommt raus. Es kommt immer raus. Der Tag wird kommen, an dem er eure Geburtsurkunde in den Händen hält oder das Poesiealbum aus der vierten Klasse findet oder schlicht deinen Personalausweis. Also, lasst es lieber gleich! Zu viel Aufwand für null Ergebnis und viel Peinlichkeit, wenn's aufgeflogen ist. Und mal ehrlich: Wenn man sich liebt, ist es doch auch scheißegal, wie alt man ist.

Kommen wir zurück zum ersten Date und nehmen wir mal an, dass es vielversprechend läuft. Das Outfit ist gut angekommen, das Essen wurde unverkleckst über die Bühne gebracht, und verstanden habt ihr euch auch noch gut. Dann gilt: Der erste Kuss muss von ihm ausgehen. Da bin ich total altmodisch. Nicht, dass man ihm nicht den Weg zeigen dürfte, aber den eigentlichen Akt, den sollte er in die Hand bzw. den Mund nehmen.

Wichtig: Immer ein kleines Mundwasser in der Handtasche haben. Bonbons oder jede Art von Kaugummi gehen auch, sind aber nur zweite Wahl, weil man dann ja immer was im Mund hat und bei spontanen Küssen nicht weiß, wohin damit. In die Backentasche schieben? In die hohle Hand spucken? Oder ihm vielleicht direkt vor die Füße?

Ich schwöre euch, wenn man mal ein Stück Papier braucht, um sein Kaugummi zu entsorgen, ist weit und breit keins in Sicht. Kein Fitzelchen mehr vom letzten Strafzettel in der Handtasche, keine Karte vom dreimal die Woche bestellten Pizzaservice, kein allerletztes zerknülltes Taschentuch. Außerdem willst du ja im entscheidenden Moment nicht sagen: »Gerne, aber warte mal kurz, ich suche nur gerade noch ein Papier für mein Kaugummi.«

Deshalb nehme ich Mundwasser. Kleiner Schluck, einmal gurgeln und weg damit. Wenn unauffälliges Entsorgen nicht möglich ist, kann man es ausnahmsweise auch mal schlucken. Das bringt einen nicht um. Ich bin mir allerdings nicht ganz sicher, wie es danach mit dem Autofahren aussieht, wegen der Promille-Grenze. Also aufgepasst!

Ich habe ja sowieso keinen Wagen dabei, wenn ich mich date. Ich fahre grundsätzlich nicht mit meinem Auto zu einer Verabredung mit einem Mann, den ich noch nicht richtig kenne. Das hat aber nichts mit Alkohol und ihn schöntrinken zu tun. Ehrlich gesagt liegt es daran, dass ich so eine verdammt schlechte Einparkerin bin. Ich möchte gar nicht wissen, wie viele zerbeulte Stoßstangen schon auf mein Konto gehen.

Ob vorwärts oder rückwärts, am Seitenstreifen oder in eine Drei-Meter-Parklücke, dieses ständige vor und zurück und dann gleich noch mal alles von vorne ist einfach nicht mein Ding. Nachher ist das nur ein Omen für schlechten Sex: drei Minuten rein-raus-rein-raus und dann steht er noch nicht mal richtig.

Also bevor ich mir die Blöße gebe und schon einen schlechten Eindruck mache, noch bevor ich einen Fuß aus dem Wagen gesetzt habe, nach dem Motto: »Typisch Frau am Steuer – kann's einfach nicht«, lasse ich mich lieber gleich chauffieren. Es ist doch ohnehin viel galanter, wenn der Gentleman einen abholt – so richtig mit Tür aufhalten und allem Pipapo. Wunderbar.

Dann muss ich auch nicht meine Schuhe wechseln. Oder fahrt ihr mit Pumps? Ich mache das nicht mehr, denn ab zehn Zentimetern wird das mit den Pedalen wirklich schwierig. Außerdem gehen die Absätze davon auf Dauer kaputt – besonders der rechte, der Kupp-

Dos und Don'ts

BEIM ERSTEN DATE

Für ein erstes Date schmeiße
ich mich richtig in Schale.
Je toller ich den Mann finde,
desto mehr Mühe gebe ich mir.

So verschüchtert im weiten
Kleid mit Turnschuhen sehe sogar ich
aus wie eine graue Maus. Ein bisschen
Glamour sollte man sich schon zutrauen,
wenn man jemanden verführen will!

Mir gefallen ganz normale
bodenständige Männer in Jeans
und Pulli am besten. Gute Typen,
die einfach sympathisch sind.

Überhaupt nicht mag ich es,
wenn Männer sich groß aufspielen.
Mir gefällt es auch nicht, wenn
Männer Hemden oder Schals tragen,
das ist halt Geschmackssache.

Wenn ich hungrig bin, fresse ich wie ein Schwein.
Bestelle ich dann auch noch ein Gericht wie Burger
mit Pommes, wird es richtig schwierig – das kann
ja auch wirklich kein Mensch manierlich essen!

Dann lieber schon vorher
eine Kleinigkeit naschen, und
beim Date ganz gemütlich und
entspannt einen Salat essen.

Während eines
Dates heißt es:
Hände weg vom Handy!

Stattdessen voll in
die Charmeoffensive!

lungsfuß. Deshalb schlüpf ich, wenn ich mit Pumps im Auto unterwegs bin, immer schnell in ein paar Ballerinas. Das ist zwar kein schöner Schuh für kleine Frauen wie mich, aber das ideale Schuhwerk fürs Fahren.

Wie ihr euch jetzt schon denken könnt, bin ich ja schwer dafür, beim ersten Date etwas anderes zu machen, als essen zu gehen. Ich sage ja immer, wer verliebt ist, hat keinen Hunger. Keine Ahnung, warum alle immer zu einem romantischen Dinner-Date wollen. Da sitzt man sich dann wie festgetackert gegenüber und kann nicht weg. Keine Chance, sich mit etwas abzulenken, wenn das Gespräch nicht von selbst läuft.

Aber was gibt es für Alternativen? Ganz schlimm ist es, ins Kino zu gehen. Gut, wenn man nicht miteinander reden möchte, ist es vielleicht der beste Ort. Aber ich dachte, man will sich kennenlernen! Also komplett, mit Gedankenaustausch und so. Außer Popcorn wird im Kino aber gar nichts getauscht. Da heißt es zwei Stunden auf die Leinwand starren und leise sein. Und danach kommt nur die Frage: »Und wie fandst du den Film?«

Wo wir gerade dabei sind — welcher Film? Romantikgedusel, auf das kein normaler Mann steht? Ein knallharter Typ in *Wie werde ich ihn los — in 10 Tagen* oder *Der Teufel trägt Prada*? Es wäre zwar nett von ihm, wenn er da mit uns reingehen würde, aber beliebt machen wir uns damit nicht.

Baller-Baller-Boom-Boom-Bang-Bang als Gegenprogramm? Das sind dann wiederum Filme, in die keine Frau freiwillig reingehen würde. Ja, ich finde den Jason Statham auch ganz süß, aber deshalb muss ich mir trotzdem nicht zwei Stunden Geballer und sinnloses Rumgeheize in PS-Schleudern geben. Da werde ich ja bekloppt bei!

Was bleibt da noch: Zeichentrick? Ich glaube, da würde unsere Verabredung noch vor der Kinokasse kehrtmachen. Diese Fantasyfilme sind so lang, dass man danach schon gleich ins Bett muss; Science Fiction ist nur was für Eingeweihte, und bei Komödien ist das Risiko viel zu groß, dass sie blöd sind, man peinlich berührt nebeneinander sitzt und sich keiner traut zu sagen, dass man lieber gehen möchte.

Ihr merkt also, allein bei der Auswahl des Streifens sind schon Beziehungen zerbrochen, die noch gar keine waren.

Nun sind Männer beim ersten Treffen mindestens genauso nervös wie wir. Wir alle schwitzen, stottern und haben Angst davor, dass uns kein neues Gesprächsthema mehr einfällt. Deshalb ist es beim ersten Date am besten, in Bewegung zu bleiben, wie zum Beispiel beim Inlineskaten, beim Zoospaziergang oder beim Bowling.

Was aber ganz und gar ungeeignet wäre, ist Angeln. Klar, beide wollen wir ein dickes Ding an Land ziehen – ich ihn und er mich. Aber dafür müssen wir uns nicht auf unbequeme Klappstühle ans Seeufer setzen und warten, dass irgendein glubschäugiger Fisch sich den Köder schnappt. Und bis es so weit ist, schweigen wir uns an. Da sage ich extra, lass uns nicht essen gehen, damit keine peinlichen Ich-weiß-jetzt-nicht-mehr-worüber-wir-reden-sollen-Momente entstehen, und dann sitzt man plötzlich beim Angeln und darf gar nichts sagen, selbst wenn man möchte? Dann doch lieber ins Kino, da reden wenigsten andere.

Was auch gar nicht geht, ist ein Besuch im Freibad. Dort liegt es nun mal in der Natur der Sache, sich in knappen Badesachen in gleißendes Sonnenlicht zu legen, und da fallen nun mal alle kleineren und größeren Problemzönchen, die normale Körper so haben, gleich auf. Das muss ja nicht sein. Es reicht doch, wenn man sich erst mal im freundlichen Halbdunkel des Schlafzimmers entkleidet, wenn man es voreinander denn überhaupt tun will. Außerdem beraubt man sich ja auch der Spannung. Das ist fast so, als hätte man vor der Bescherung schon die versteckten Weihnachtsgeschenke gefunden und weiß beim Auspacken bereits, was unter dem Papier ist. Das verdirbt ja den halben Spaß.

Geht ihr vor einem Date davon aus, dass ihr den Mann zum ersten Mal küssen werdet, solltet ihr lieber Lipgloss statt Lippenstift benutzen. Und zwar am besten farblosen. Denn wenn ihr zu Rottönen greift, wirkt das zwar vor dem Küssen sexy, aber nach dem ersten Kuss seht ihr beide dann aus, als ob ihr Spaghetti Bolognese ohne Besteck gegessen hättet – beide mit ganz verschmierten Schnuten.

Komisch eigentlich, wo das doch im Kino immer ganz anders aussieht. Da kommen die schönsten Frauen der Welt mit den vollsten und rotesten Lippen, die man je gesehen hat, küssen ihren Helden so leidenschaftlich und hingebungsvoll, dass man denkt, die lassen nie wieder voneinander los und haben sich für immer und ewig festgesaugt. Und wenn es dann doch so weit ist, dann sitzt der Lippenstift immer noch perfekt. Auch haben wollen, schreit es da in jeder Frau, und man schleppt mal wieder Unsummen in die nächste Drogerie oder gleich Parfümerie auf der Suche nach dem perfekten, nicht verschmierenden, nie nachzutragenden, immer glänzenden Lippenstift. Doch man sucht vergebens. Es gibt ihn nicht. So wenig wie kleine grüne Männchen auf dem Mars.

Es wird uns zwar immer wieder vorgegaukelt, überall steht Longlasting, 24-Stunden-Garantie und ich weiß nicht was drauf, aber drin ist immer ein Stift, der abfärbt. Glaubt mir, ich weiß ja nicht viel, aber Make-up gehört nun wirklich zu meinen Spezialgebieten.

Und um das Rätsel mit den tollen Kuss-Szenen in den Hollywood-Filmen zu lösen: Klar klappt es da. Nicht umsonst gibt es bei den Oscar-Verleihungen mittlerweile eigene Kategorien für Spezialeffekte, Make-up und Visuelle Effekte. All das zusammen ergibt erst den perfekten Kuss ohne abzufärben.

Aufpassen sollte man auch beim Parfüm. Vorm Date also nicht das übliche Psch, Psch, so wie sonst, wenn wir aus dem Haus gehen – ein Spritzer hinters Ohr, etwas an den Hals und dann noch aufs Handgelenk. Vorsicht, das ist gar nicht nach dem Geschmack der Männer, und zwar aus gutem Grund. Wenn er sich zärtlich die Halspartie entlangküsst, soll der Gute ja nicht denken, dass er ein Stück Kernseife lutscht.

Also den Duft nur ganz sparsam im Haar verteilen, das muss reichen. Wenn er uns erst richtig scharfmacht und unsere Hormone in Schwung bringt, haben wir doch sowieso den erotisierendsten Duft überhaupt – unseren eigenen leichten Schweißgeruch. Nichts macht Männer verrückter!

Apropos verrückt: Um eventuelle Hinweise darauf herauszufinden, dass unser Date genau das ist, gibt es heutzutage ja die Möglichkeit, denjenigen vorher zu googeln. Ich sage aber, dass nur die verrückt sind, die sofort in diesen detektivischen Stalkermodus fallen.

Ich weiß, dass das heute viele machen – so ein kurzer Blick ins Internet kann ja nicht schaden. Und vielleicht findet man ja was Interessantes.

Ist der Typ schon straffällig geworden – kann doch sein, dass er gelegentlich die Zeche geprellt hat? Ist er Ehrenpreisträger für soziales Engagement – vielleicht hat er mal als Schülerlotse gearbeitet? Oder entpuppt er sich als ehemaliger Mister Südbaden – nichts, wofür man sich schämen müsste! Vielleicht findet man ja auch eine verschleppte Firmeninsolvenz oder gar Familienfotos mit stolzer Geburtsanzeige – datiert auf vor gerade mal drei Wochen?

Ja, das Internet kann irre ergiebig sein, aber will man das wirklich alles vorher wissen? Geht da nicht komplett der Zauber flöten? Ein Mann sollte doch ein bisschen wie ein Überraschungs-Ei sein – erst einfach nur lecker, das macht Appetit auf mehr. Dann stößt man auf eine harte Schale, doch wenn man die geknackt hat, kommt eine ganz tolle Überraschung. Im Idealfall!

Wie wir ja leider wissen, steckt nur in jedem siebten Ei die Mega-Überraschung. Da haben wir also ein paar Eier beziehungsweise Kerle zu knacken, bevor der Wunderjunge vor uns steht. Was ich damit aber sagen will, ist, dass jeder Versuch es wert ist, und den sollte man sich nicht schon vorher kaputt machen lassen. Wenn es doch nicht der Traummann ist, haben wir immerhin was zum Spielen bekommen.

Da wir aber davon ausgehen, dass unsere Menschenkenntnis uns nicht total getrogen hat, als wir den Mann kennengelernt haben, wollen wir mal hoffen, dass wir uns nicht mit einem vorbestraften Ex-Knacki mit Hang zu Hardcore-Sado-Maso-Sex und diversen Gläubigern im Rücken verabredet haben – und wenn doch, dann nur mit einem, der wirklich supernett ist.

Vielleicht haben wir ja selbst auch die ein oder andere Schwachstelle, die wir dem anderen nicht sofort auf die Nase binden wollen (nur sind wir natürlich so gerissen, solche Informationen nicht ins Internet kommen zu lassen. Okay gut, ich wünsche euch, dass *ihr* so gerissen seid, solche Informationen nicht ins Internet kommen zu lassen)!

Es kann natürlich auch sein, dass ihr was total Tolles über den Mann herausfindet – aber was habt ihr dann davon? Ihr seid nur noch aufgeregter, vielleicht sogar eingeschüchtert, und das hilft euch auch nicht weiter. Außerdem muss man dann den ganzen Abend über aufpassen, dass man nichts, was man im Netz recherchiert hat, erwähnt, denn wenn der Mann einen dabei erwischt, ihm hinterherspioniert zu haben, ist das richtig peinlich. Jetzt habe ich mich aber wirklich klar ausgedrückt, also: Finger weg von der Suchmaschine!

Irgendwann hat auch der schönste (oder, zum Trost, auch der schlimmste) Abend ein Ende, und es ist Zeit, sich Gute Nacht zu sagen. Wenn der Mann sich dann verabschiedet mit »Ich melde mich«, könnt ihr ihn gleich abschreiben. Mit ein ganz klein bisschen mehr Mumm in den Knochen hätte er auch gleich sagen können: »Du, das war nichts, ich glaube, wir passen nicht zusammen. Du bist nicht mein Typ, wir lassen das lieber. Lebe wohl!« Oder so ähnlich. Aber nein, er meint ja, den Schein wahren zu müssen und denkt, wir sind komplett verblödet.

»Ich melde mich« ist die nette Form von »Mädchen, das war ja nun so was von überhaupt nichts«. Nie wieder werdet ihr was von diesem Typen hören, der sich jetzt gerade vor euren Augen aus dem Staub macht. Da müsst ihr leider nicht mal auf eine Nachricht warten. Soll er doch – war eh nicht euer Geschmack. Ihr seid leider nur nicht mehr dazu gekommen, ihm das zu sagen, weil er schneller war mit seinem blöden »Ich melde mich«.

Jetzt könnt ihr nur zwei Dinge tun – ihm einen reinwürgen und sagen: »Nee, lass mal gut sein. Ich glaube, das passt nicht«, damit ihr nicht als Verlierer aus der ganzen Nummer rausgeht. Oder aber ihr strahlt ihn an, macht gute Miene zum bösen Spiel und sagt »Mach, wie du denkst.« Im selben Augenblick dreht ihr euch um und geht davon – ganz gleich, ob das wirklich eure Richtung ist oder ihr schon an der richtigen Bushaltestelle steht! Ihr geht, und zwar mit erhobenem Haupt und wehendem Haar!

»Ich würde mich wirklich freuen, dich bald wiederzusehen« – das ist es, was ein Mann sagt, wenn er einen formvollendet vor der Haustür absetzt. Das und nichts anderes. Dann kann man einigermaßen sicher sein: Den hab ich an der Angel. Ja, der wird sich melden. Dafür dürft ihr ihm auch gleich noch ein Küsschen auf die Wange drücken, das hat er sich verdient, zusammen mit einem »Ich würde mich auch wirklich freuen« – zumindest, wenn ihr es auch so meint.

Dann herzlichen Glückwunsch zum erfolgreichen ersten Date!

Ich will jetzt noch den etwas Jüngeren unter euch was erklären. Ihr werdet vielleicht denken: Was will denn jetzt die alte Katze von mir? Lässt hier die Oberlehrerin raushängen! Na, vielen Dank, das macht schon meine Mutter ständig.

Wisst ihr was – wenn sie das wirklich tut, dann hat sie recht! Weder eure Mutter noch ich wollen euch was Böses, wenn wir euch zwei, drei Tipps geben, die ihr unbedingt beachten solltet, wenn ihr euch mit Jungs trefft. Das liegt auch daran, dass sich heutzutage so irre viel in Sachen Dating geändert hat.

Früher war der erste Freund doch meist ein Typ vom Schulhof. Den kannte man schon Ewigkeiten vom Sehen, wusste, wo er wohnte und was seine Eltern machten. Heute lernt man jemanden über irgendein soziales Netzwerk kennen und weiß außer vom Profil (und wer sagt, dass das stimmt?) nichts. Das macht die Sache zwar spannend, aber auch brandgefährlich. Deshalb bitte, beachtet ein paar Dinge!

Wenn ihr den Jungen noch nicht kennt, sollte das erste Treffen *nie* allein mit ihm stattfinden. Nehmt eure beste Freundin mit, trefft euch in einer Einkaufspassage, geht zu McDonalds oder irgendwohin, wo viele Menschen sind, wo was los ist. Trefft euch auf keinen Fall bei ihm zu Hause oder in einem Hotel, und steigt auch nicht zu ihm ins Auto! Lasst euch auch nicht von zu Hause abholen. Den Typen geht es erst mal gar nichts an, wo ihr wohnt. Das erfährt er noch früh genug, wenn er es denn wert ist. Habt auch immer ein aufgeladenes Handy dabei – damit meine ich ein volles Akku *und* eine Prepaid-Card mit Guthaben!

Jaja, das hört sich jetzt meinetwegen alles irre spießig und übervorsichtig an, aber damit kann ich leben. Ich will euch nur klarmachen, dass man einen Menschen, den man im Internet kennengelernt hat, eben gar nicht kennt. Und glaubt mir, da treiben sich die merkwürdigsten Typen rum, da kann man schon richtig Schiss kriegen.

Manchmal schreiben Leute auch ganz komische Sachen, wenn man mit denen chattet. Die fragen einen auf einmal, ob man schon mal Sex hatte, unten rum rasiert ist oder andere persönliche Sachen – und die gehen wirklich niemanden etwas an! Wer euch solche Fragen im Netz stellt, der hat sie nicht mehr alle. Seid sicher, wenn ein Junge es wirklich ernst mit euch meint, ist ihm ganz egal, ob ihr einen Vollbart habt oder nicht.

Von allzu großen Altersunterschieden halte ich übrigens auch nichts. Ich finde, ein Junge sollte höchstens zwei Klassenstufen über euch sein. Das meine ich auch dann, also vom Unterschied her, wenn er gar nicht mehr zur Schule geht. Ihr müsst immer das Gefühl haben, dass ihr ihn morgen auf dem Schulhof treffen könntet. Und zwar als Mitschüler – und nicht als Lehrer.

Mädels, ich will euch wirklich keine Angst machen, aber es gibt einfach Menschen, die nichts Gutes im Schilde führen, und von denen solltet ihr euch unbedingt fernhalten. Und wenn ihr irgendwann mal bei einem Date ein schlechtes Bauchgefühl bekommt, auch wenn ihr überhaupt nicht wisst, warum, dann hört darauf und geht, ganz egal, was der Mann davon halten mag. Auch, wenn gar nichts Schlimmes passiert wäre — er war ganz bestimmt nicht der Richtige für euch.

5. Katze vs. Kater – wer miaut zuerst?

oder
HÄNDE WEG VOM HANDY

••••••••••••

Das Schöne an der Liebe ist, dass es keine Regeln gibt. Mit einer einzigen Ausnahme: Die Frau darf den Mann nach einem Date niemals anrufen. *Auf gar keinen Fall!* Das ist ein internationales, zeitübergreifendes, ultimatives No-Go. Und kommt mir jetzt bloß nicht mit Alice Schwarzer. Es gibt am Telefon keine Gleichberechtigung. Und die wird es da auch niemals geben.

Frau ruft Mann nicht an! Mann hat Frau anzurufen, basta!

Das ist ja auch ganz einfach zu verstehen: Ein Jäger schießt nicht auf totes Wild. Das heißt, wenn ihr euch bei ihm meldet, dann seid ihr für ihn ja quasi schon erlegt und damit leider reizlos. Andersherum heißt das, wenn der Kerl euch nicht will, sich also nicht bei euch meldet, dann braucht ihr es auch nicht bei ihm zu versuchen.

Ihr werdet sogar relativ früh wissen, wo ihr dran seid, denn Männer kennen keine Drei-Tage-Regel, von wegen: »Jetzt lassen wir sie mal ein bisschen zappeln, machen uns dadurch interessanter, und erst dann, wenn sie es kaum noch aushält, rufen wir sie an.« Bullshit – so denken nur Frauen! Bei Jungs läuft das viel simpler ab: »Die find ich scharf, ich will sie unbedingt wieder- sehen. Am besten ruf ich sie gleich mal an und mache was für morgen aus.« Keine Taktik, keine Spielchen. So einfach ist das. Und da werdet ihr auch leider, leider nichts dran ändern können, ihr könnt es nur mit Wür- de tragen. Deshalb: Finger weg vom Telefon!

Ganz schlimm wird es, wenn man sich dann selbst belügt: »Vielleicht hat er ja sein Telefon verloren und darum meine Nummer nicht mehr. Er versucht be- stimmt seit Tagen, mich zu erreichen, irrt verzweifelt durch die Stadt und spricht wildfremde Menschen auf der Straße an, in der Hoffnung, einer könnte mich kennen und mit meiner Nummer aushelfen. Nur deshalb, weil sein Handy vom Hund gefressen wurde oder ins Klo geplumpst ist, hat er sich noch nicht bei mir gemeldet. Daran darf doch aber nicht der Beginn der vielleicht größten Liebesgeschichte des Jahrhunderts scheitern! Also, wenn dann doch eventuell ich mal – wirklich als große Ausnahme und nur dieses eine Mal – zum Hörer greife ...«

Hallo, was habe ich gerade gesagt? Glaubt mir, wenn ein Mann euch wiedersehen will, setzt er Himmel und Hölle in Bewegung, um mit euch in Kontakt zu treten. Und das schafft der! Aber wenn der Gute tatsächlich sein Handy verloren hat, braucht ihr ihn auch nicht anzurufen – denn er hat ja kein Handy mehr. So, hätten wir dieses Problem also auch geklärt!

Zugegeben, es kann natürlich auch sein, dass er sein Telefon noch hat, unsere Nummer aber wirklich weg ist. Dann liegt das wahrscheinlich daran, dass seine Frau oder Freundin uns gelöscht hat. Dann müssten wir allerdings mehr als dankbar sein, dass das Ich-betrüge-meine-Frau-Ferkel (der damit übrigens auch uns betrügt) sich bei uns nicht mehr melden kann. Dafür gilt der uns unbekannten Frau unser allerhöchster Dank, denn sie hat uns viel Zeit und Kummer erspart!

Wo wir aber gerade beim Telefonieren waren, kommen wir nun zur hohen Kunst des SMS-Schreibens: das ist eine vielfach unterschätzte Form der Konversation – mit ganz klaren Regeln:

Regel Nummer 1: Keine W-Fragen! Wieso, warum, weshalb, wann, wo, was? Um Himmels willen, das schlägt den stärksten Mann in die Flucht. Das schreit nach Kontrolle, nach alles immer ganz genau wissen wollen, nach Unfreiheit, nach allem, was Mann nicht will.

Es gibt nur eine einzige W-Frage, die erlaubt ist: Wie geht's dir? Kurz und knapp. Freundlich, aber nicht übergriffig. Darauf kann man kurz und schmerzlos, aber auch etwas ausführlicher antworten. Je nach Lust und Laune. Es ist quasi die Mutter aller Fragen, die beste aller Möglichkeiten, nach einem Date unverbindlich Kontakt aufzunehmen.

Regel Nummer 2: Nicht unaufgefordert mehr als ein Lebenszeichen pro Tag senden. Damit ist doch alles gesagt. Ja, ich lebe noch. Mir geht es gut. Du hast mir ganz gut gefallen, und jetzt denke ich an dich. Ich habe nichts gegen weiteren Kontakt mit dir einzuwenden. Völlig unverfänglich ist zum Beispiel: »War ein schöner Abend gestern mit dir – vielleicht sehen wir uns ja noch mal.«

Bloß keine Fragen hinten ranhauen! So von wegen: »Wie bist du denn nach Hause gekommen?« oder
»Hast du gut geschlafen?« Auch nicht: »Was machst du
denn gerade so?« Das heißt im Klartext: Auch wenn's
schwerfällt, reduziert euch auf das Wesentliche!

Regel Nummer 3: Wenn ihr eine Nachricht von ihm
bekommt — laaaangsam. Auf keinen Fall sofort antworten. Mindestzappelzeit: eine Stunde. Ich weiß, die kann
sich endlos hinziehen, ist aber wichtig. Er darf doch
nicht denken, dass wir die ganze Zeit nur auf unser
Display starren, und kaum hat er geschrieben, schrei-
en wir hysterisch, kriegen Herzrasen und hämmern wie
blöd auf die Tasten. Nein, wir sind total lässig und entspannt — wir tun zumindest so, als wären wir es.
    Wie heißt es doch so schön: Mach dich rar, sei ein
Star! Oder aber: Willst du gelten, mach dich selten!
Also erst mal locker zurückgelehnt. Am besten geht
das übrigens, wenn ihr euer Handy auf Flugmodus
schaltet. Und wenn ihr dann trotzdem nicht die Finger davon lassen könnt, gebt es doch am besten einer
Freundin eures Vertrauens zur Verwahrung. Ein, zwei
Stunden ohne Empfang haben noch niemandem ge-
schadet. Ich schwöre euch, man überlebt es! Selbst im
digitalen Zeitalter stirbt man eher an Nahrungs- als an
Handy-Entzug.

Nach meiner Überzeugung ist es ohnehin viel netter, kurz zu telefonieren, als SMS hin und her zu schicken – oder noch schlimmer über Facebook oder WhatsApp zu kommunizieren. Das schreit geradezu nach Missverständnissen. Gesagt ist gesagt – und das verschwimmt dann nachher alles ein wenig in der Erinnerung. Was geschrieben ist, kann man dagegen immer wieder aufrufen und nachlesen. Das ist wie mit Zeitung und Radio. Wenn man was im Radio gehört hat, weiß man nach einer Stunde schon nicht mehr so genau, ob es genau so wirklich gesendet wurde oder man vielleicht etwas falsch verstanden hat. Was in der Zeitung steht, kann man dagegen noch in hundert Jahren nachlesen (und jeder andere auch).

Was in solche Kurznachrichten nicht schon alles reininterpretiert wurde, da könnte so mancher Dichter neidisch werden! Milliarden SMS waren nie so gemeint, wie sie beim Adressaten angekommen sind. Das liegt eben immer daran, wer was wie liest und vor allem lesen will. Und das geht ganz oft nach hinten los. Außerdem kriegt man beim persönlichen Gespräch die Stimmung des anderen viel besser mit. Freut der sich jetzt wirklich, mich zu hören, oder ist er nur höflich? Das merkt man am Telefon sofort!

Regel Nummer 4: Lasst es bloß bleiben, irgendwelche Nacktfotos als Liebesbeweise zu verschicken. Das konnten unsere Eltern früher vielleicht noch per Post machen, aber das hatte den entscheidenden Vorteil, dass sie die Abzüge nach dem Ende der Beziehung einfach zerreißen und die Negative verbrennen konnten. Danach war alles weg. Gute alte Zeiten!

Was ihr heute einmal übers Netz verschickt habt, bekommt ihr nie, nie, nie wieder. Und wir kennen sie doch alle, diese Horrorgeschichten von Exfreunden, die nichts Besseres zu tun haben, als pikante Fotos öffentlich zu posten. Das Recht am eigenen Bild? Sicher, aber versuch das mal im Internet durchzusetzen!

Also egal, wie sehr er bittet und bettelt, dass er so gerne eine Nacktaufnahme haben möchte, weil man ja so schön, so sexy, so super ist – tut es nicht! Denn man kann es nie mehr rückgängig machen.

Wer wirklich nicht Nein sagen kann (obwohl mir dafür kein vernünftiger Grund einfällt), der sollte ihm wenigstens ein Foto ohne Kopf schicken. Der interessiert ihn bei einem Nacktfoto wahrscheinlich sowieso am wenigsten, und wenn das Foto im Netz die Runde macht, erkennt man wenigstens nicht, wer drauf ist. Am besten verschickt man einfach nichts, wofür man sich irgendwann einmal schämen muss. Und denkt dran: Gekränkte Männer sind zu schlimmen Dingen fähig (gekränkte Frauen übrigens zu noch schlimmeren!). Und: Der liebe Gott verzeiht, das Internet nicht.

Auf so simple Dinge wie Groß- und Kleinschreibung kann man in der SMS gerne verzichten, wir schreiben hier ja keine Deutschklausur. Ob nun »ich liebe dich« oder »Ich liebe Dich« – der wird ja wohl wissen, wer und was gemeint ist.

Was immer wieder schön ist, ist der Verdrücker. Uppps, die SMS sollte doch gar nicht an dich gehen! Das kann manchmal lustig, aber auch ganz schön peinlich sein, je nach Inhalt und Adressat. »Bin schon ganz heiß auf dich und hab das Höschen schon aus« an seinen Vater zu senden, also bei Papa zu drücken statt bei Patrick, der im Adressbuch direkt druntersteht und auf den man schon voller Vorfreude wartet – nun ja, vielleicht ein bisschen zu viel Information für den Herrn Papa. Aber gesendet ist gesendet.

Gerne wird der Verdrücker aber auch mit voller Absicht eingesetzt. Ja, so verschlagen sind sie, die Frauen. Da haben sie lange keinen Kontakt mehr zu einem vielversprechenden Typen gehabt, und was tun sie? Sie schreiben eine Nachricht, die ganz offensichtlich für eine Freundin ist, aber – was für ein Zufall – auf dem Handy des Mannes landet, den sie eigentlich ganz gut finden. Da stehen dann so Dinge wie »Hi Süße, fahre ein paar Tage nach Mallorca. Lust mitzukommen?« Oder aber »Na Sweetie, ewig nicht gesehen, habe heute Abend nichts vor, wollen wir was unternehmen?«.

Schlau, sehr schlau! Und perfektioniert wird es, indem man drei Minuten später eine Entschuldigungs-SMS hinterherschickt: »Oh, sorry, habe mich offenbar verdrückt!« Das ist gut, wirklich gut, weil es dem Mann alle Möglichkeiten offen lässt zu antworten.

»Mallorca mit dir – warum nicht, bin dabei!« Er nimmt die Einladung an, juhu. »Heute Abend leider keine Zeit, aber würde dich auch gerne mal wiedersehen. Wie sieht's mit morgen aus?« Super, er hat angebissen. Und selbst ein ziemlich dröges »Hast dich wohl vertippt«, bevor er die Sorry-SMS bekommt, erfüllt seinen Zweck – Kontaktaufnahme erfolgreich durchgeführt, wenn auch der Andockversuch gescheitert ist. Dann weiß man wenigstens Bescheid

Das ist die ganz hohe Schule der SMS-Nutzung.

Ich gehöre ganz sicher nicht zu den Menschen, die finden, dass früher alles besser war, aber ich denke, in Sachen Liebe war damals, zu Zeiten unserer Eltern und Großeltern, einiges schöner. Vieles sogar, glaube ich! Früher, da hat man sich noch lange Liebesbriefe geschrieben. Ja, das sind diese Dinger aus Papier, die in einem Umschlag per Post kommen. Und wo vorm Abschicken immer mehr Seiten im Abfalleimer landeten als im Briefkasten.

Da war jedes Wort wohlüberlegt, hier und da mal eine genau platzierte Träne auf dem Papier, was man auch sehen konnte, weil noch mit Tinte und Füller geschrieben wurde und die Schrift dann so schön verwischte. Dann noch ein kleiner Spritzer Parfüm auf den Umschlag – und ab ging die Liebespost. Was nichts anderes hieß, als geduldig zu warten, weil der Briefkasten erst am nächsten Tag geleert wurde. Dann war der Brief mindestens 24 Stunden unterwegs, bis der Liebste ihn in den Händen hielt. Und schließlich musste man sich in einer Engelsgeduld üben, bis eine Antwort kam.

Heute hauen wir mal schnell was in die Tastatur, drücken auf »Senden« – und dann ist plötzlich der Ärger da, weil man das so ja gar nicht hatte sagen wollen, was man geschrieben hat. Tja, da hätte man vorher mal nachdenken müssen.

Blöde ist auch, dass man seinen verzapften Schwachsinn im Gesendet-Ordner auch später noch nachlesen kann, um sich immer wieder aufs Neue zu schämen, dass man so einen Buchstaben-Müll abgeschickt hat. Das war eben auch ein Vorteil damals – wer seinen Brief erst mal verklebt und verschickt hatte, konnte nur hoffen, dass der andere sich drüber freuen würde, aber den Inhalt nachträglich kontrollieren ging eben nicht mehr. Oder habt ihr schon mal gehört, dass sich einer Kopien seiner Liebebriefe gemacht hat?

Heute kostet so eine SMS ja nichts mehr– der Flatrate oder WhatsApp sei Dank –, was aber den Nachteil hat, dass so viel Blödsinn in Sachen Liebeserklärungen verschickt wird, dass man sich wirklich manchmal fremdschämt. Weniger ist oft mehr. Ein kurzes »Ich denk an dich« reicht, da müssen keine Mini-Romane in SMS-Deutsch geschrieben werden.

So sehr ich mein Handy ja auch liebe, eigentlich ist es der Flirt-Killer schlechthin. Sobald man alleine irgendwo dumm rumsteht, zieht man doch das Ding aus der Tasche, checkt Mails, schreibt SMS, guckt News, hört Musik, spielt Spiele oder sonst was. Man beschäftigt sich jedenfalls mit einem kleinen schwarzen, weißen, silbernen oder meinetwegen auch pinkfarbenen Gerät in seiner Hand, statt sich mal umzuschauen.

Flirten ist immer erst Augenkontakt. Nur – wie soll der denn stattfinden, wenn alle stur auf ihr Display starren? Ich bin fest davon überzeugt, dass durch Handys schon etliche Beziehungen kaputtgemacht wurden, bevor sie überhaupt angefangen haben.

Könnt ihr euch noch dran erinnern, wie das früher war, im Vor-Handy-Zeitalter – also im letzten Jahrhundert, quatsch, ich meine im letzten Jahrtausend? Ob an der Bushaltestelle, der Supermarktkasse, im Café, auf dem Amt, im Wartezimmer, beim Tanken, im Fahrstuhl oder an der Ampel – tausende von Möglichkeiten für einen kleinen Flirt zwischendurch. Kurzer Augenkontakt, bei Gefallen etwas länger dem Blick standhalten, ein verhuschtes Lächeln, dann ein kontrolliertes Durch-die-Haare-streichen und krampfhaftes Nachdenken, was man jetzt sagen könnte. Mit etwas Glück übernahm das dann das Gegenüber – das waren Zeiten!

Schlimm, wenn man mit noch nicht mal dreißig Jahren von früher schwärmt. Das macht einen so alt. Aber wenn's doch stimmt, dann muss es eben mal gesagt werden! Damals war nicht alles besser, aber in Sachen Liebe definitiv vieles romantischer!

Welcher SMS-Typ bist du?

1) Wie unterschreibst du?

    A) Gar nicht

    b) XOXOXO

    c) Bussi/Knutscha/Kuss

    d) GlG

2) Wie lange dauert es, bis du antwortest?

    a) Innerhalb einer Stunde

    A) 30 Sekunden – und da ist schon was
       dazwischengekommen

    c) Am selben Tag

    d) Nie, wenn keine konkrete Frage gestellt wurde

**3) Bei welcher Gelegenheit schreibst du
die SMS »Wo bist du?«**

    a) Nur an meine kleine Schwester, wenn ich auf
       sie aufpassen muss

    b) Kommt drauf an, ob ich gerade jemanden stalke

    A) Mindestens fünfmal am Tag

    d) Gar nicht, wieso sollte ich? Wer will das wissen?

4) Schaffst du eine klare Ansage unter 160 Zeichen?

A) »Hau ab«, »Verschwinde«, »Du nervst« – alles unter
12 Zeichen, oder?

b) Natürlich nicht, Thomas Mann hat doch auch mehr
Buchstaben für den Zauberberg gebraucht

c) Ich muss mal nachzählen – puh, genau 159

d) Wer will das wissen?

5) Wie oft hast du schon per SMS Schluss gemacht?

a) Noch nie, bisher wurde immer ich vor die Tür
gesetzt

b) Ich mache nicht theatralisch Schluss, ich gehe
einfach

c) Schluss machen? Ich bin, seit ich denken kann,
glücklich mit meinem Schatz

A) Ungefähr 34 Mal, es könnten aber auch 35 Mal
gewesen sein

6) Was machst du, wenn dein Akku leer ist?

a) Mich an die Straße mit einem Schild stellen:
Bitte einmal aufladen

b) Warten, bis ich wieder zu Hause bin, und einstöpseln

A) Na und, hab mein Ladegerät immer dabei

d) Ich vergesse mein Handy in meiner Tasche, bis es
mir nach ein paar Tagen wieder einfällt

7) Löschst du deinen E-Mail-, WhatsApp- und SMS-Verlauf regelmäßig?

   a) Nur das, was mein Freund nicht lesen darf – also fast alles

   b) So schnell kann keiner gucken, wie ich auf die Löschen-Taste drücke – an das meiste will man doch gar nicht erinnert werden

   A) Niemals, das ist doch wie mein Tagebuch

   d) Das mache ich immer mal wieder, wenn mir langweilig ist

8) Hast du nur ein Handy und eine Nummer?

   A) Natürlich nicht – eins ist für Jan, das andere für Torsten

   b) Ja, aber ich brauche alle vier Wochen ein neues, weil ich meins ständig verliere

   c) Klar – und das schon seit 15 Jahren. Ist mit dem Handy nicht auch die Nummer weg?

   d) Warte mal, muss mal kurz nachzählen – eins, zwei, drei …

9) Würdest du je ein Nacktfoto von dir versenden?

   a) Heiße ich Vanessa Hudgens?

   b) Niemals, wenn ich mein Leben ruinieren will, mache ich das anders

   c) Ja, aber erst nach meiner Brust-OP

   A) Nie mehr, ist schon viermal gründlich schiefgegangen

Auflösung:

Mindestens 7-mal A:

Für dich wurde die SMS erfunden.

5- bis 6-mal A:

SMS-Profi – Kerle kommen und gehen, die Nummer bleibt.

3- bis 4-mal A:

Es gibt auch ein Leben ohne SMS, aber man muss ja nicht auf alles verzichten.

2-mal A oder weniger:

Wozu hast du ein Handy?

6. Katze auf der Flucht

oder

DIE ERSTE LATTE IST
IMMER DIE LETZTE

....

Wie stellen wir nun möglichst schnell fest, ob der Neue das Zeug zum Traummann hat? Die Koordinaten in meinem Frühwarn-System sehen so aus:

Rosenkavaliere können mir gestohlen bleiben. Ich weiß gar nicht, warum alle Männer immer denken, dass Frauen total auf Blumen abfahren. Ich nicht! Ich frage immer, was das soll, wenn der Typ mit so einem Arm voll roter Rosen vor mir steht, das ist nun wirklich der

Inbegriff von Kitsch! Wenn ich einen Mann mit Blumen auf mich zukommen sehe, denke ich gleich: Dafür habe ich gar keine passende Vase!

Dann habe ich Angst, mich an den Dornen-Dingern zu stechen. Da sind Nelken, Gerbera, Gladiolen, Tulpen, Astern, Lilien oder wie sie alle heißen natürlich fingerfreundlicher. Aber auch nicht schöner. Außerdem machen Blumen viel Arbeit.

Täglich muss das Wasser ausgewechselt werden, denn sonst stinkt es bald gewaltig in der ganzen Bude. Irgendwann verlieren die dann die ersten Blätter, und man muss ständig hinterherputzen. Habt ihr mal den Blütenstaubregen einer nicht mehr ganz so frischen Lilie gesehen? Und wenn sie dann ihren Geist total aufgegeben haben und komplett verblüht sind, machen sie dir den ganzen Mülleimer voll.

Nee, mit Blumen kann man wirklich nicht mein Herz erobern. Die sollen die Jungs mal lieber ihrer Oma beim Kaffeebesuch mitbringen, die steht da vielleicht drauf. Etwas anderes ist es vielleicht, wenn mir ein Mann ein selbstgepflücktes Sträußchen Gänseblümchen schenkt, das fände ich süß.

Eine viel größere Freude macht man mir mit einem kleinen Präsentkorb voll mit leckeren Schweinereien: Schokoriegel oder Pralinen, am liebsten die mit hellem Trüffel, da kommt Freude auf!

Wie soll er denn nun aussehen, der Typ, der gleich durch die Tür kommt, den ich vorher noch nie gesehen habe, von dem mir aber meine Freunde in den höchsten Tönen vorgeschwärmt haben und der nun einen allererstens – und damit den allerwichtigsten – Eindruck hinterlässt?

Ihr wisst schon, es gibt diesen Scannerblick, der nur den Bruchteil einer Sekunde dauert. Jahrelang antrainiert, beim Abchecken der Konkurrenz, also der Frauen. Das dauert nur einen Wimpernschlag, da kann ich mit hundertprozentiger Trefferquote aus dem Augenwinkel heraus sagen, was für einen Nagellack sie auf den Füßen trägt, ob die den Gürtel schon mal jahrelang in einem anderen Loch getragen hat, weil sie früher dicker war, und wie viele Ohrstecker sie hat. Eine meiner allereinfachsten Übungen. Damit könnte ich mich glatt bei *Wetten, dass …* anmelden. Das Problem ist nur, dass das Millionen Frauen können. Das scheint bei uns einfach normal zu sein.

Genauso wie bei Frauen funktioniert es auch bei ihm, dem Vielleicht-bald-an-meiner-Seite-Mann. Kurz hingeguckt und entweder für gut befunden – oder zumindest für akzeptabel –, oder man fragt sich: Mein Gott, was mache ich eigentlich hier?

Zuerst fallen natürlich die Klamotten auf. Für meinen Geschmack sollte ein Mann auf keinen Fall ein weißes

Hemd tragen. Die weiße Bluse bei mir ist aus schon genannten Gründen das eine, aber bei einem Mann erinnert mich das zu sehr an Büro, Bankschalter oder einen Versicherungsvertreter, der mir eine Hausratversicherung aufschwatzen will.

Ich weiß, dass es Mädels gibt, die sagen, in einem weißen Hemd mit aufgekrempelten Ärmeln sieht ein Mann immer cool aus, damit kann er gar nichts falsch machen – das sei so wie ein Smoking, in dem auch kein Mann schlecht aussehen kann. Mag ja sein, aber ich finde es nicht gut. Geschmäcker sind ja verschieden.

Anzugträger sind sowieso nicht mein Fall. Das kommt, glaube ich, daher, dass ich aufgrund meiner Vergangenheit Anzüge immer mit eher Unerfreulichem in Verbindung bringe. In meiner Familie wurde der Anzug nicht gerade als Arbeitskleidung getragen. Die Männer bei uns zu Hause waren mehr handwerklich tätig, als dass sie im Zweireiher zum Geldverdienen gingen. Die standen also eher an der Werkbank als in der Volksbank. Der gute Anzug wurde darum nur zu ganz besonderen Gelegenheiten rausgeholt wie Beerdigungen, Elternsprechtage oder den Kirchgang – also alles Dinge, die einem Kind nicht gerade den größten Spaß machen. Anscheinend hat mein Gehirn da einen Zusammenhang hergestellt, den ich bis heute mit Anzügen verbinde.

Mir ist es am liebsten, wenn ein Mann einen Pullover trägt, und zwar nicht mit V-Ausschnitt, sondern mit Rundhals. Und dann nichts drunter. Das gefällt mir. Im Sommer, bei über 25 Grad, darf es auch ein T-Shirt sein. Damit liegt er eigentlich immer richtig.

Bei den Schuhen wird es schon schwieriger. Das Einfache zuerst: Sauber müssen sie sein und gepflegt. Keine abgerissenen Schnürsenkel, keine schiefgelaufenen Absätze. Abgewetzte Jeans sehen zwar gut aus, abgewetzte Schuhe aber nicht. Ein schöner schwarzer Schnürschuh mit schwarzen Strümpfen (bitte, bitte keine Füßlinge!) kommt immer gut. Nun gut, Schnürschuhe passen vielleicht nicht so gut zum T-Shirt, zum Pulli aber wiederum perfekt. Turnschuhe sind so ein Grenzfall, da kommt es wirklich auf den Typ an. Einigen Jungs stehen die Sportdinger unheimlich gut, andere sehen damit einfach nur verkleidet aus. Hat eben immer ein bisschen von so einem Skater-Boy. Wer's mag …

Der erste Auftritt eines Mannes, der auch gleichzeitig sein letzter – zumindest in meinem Leben – ist, sieht so aus: Er trägt einen Schal, womöglich noch in so einer merkwürdigen Jogi-Löw-Gedenk-Schlingtechnik, so einmal als Halbes um den Hals und dann in die andere Richtung wieder raus. Innerlich fange ich dann gleich an zu singen: »Sie müssen nur den Nippel durch die Lasche ziehn ...«

Mann und Schal, das ist wie Fisch und Fahrrad, Sahnetorte und Topmodel oder ich und Abitur – es passt einfach nicht.

Die einzige Ausnahme ist Johannes Heesters (Gott hab ihn selig). Der sah ohne seinen weißen Seidenschal fast nackt aus. Da fehlte einfach was. Der konnte dieses eigentlich unnütze Kleidungsstück aber auch mit Klasse tragen. Das sah elegant aus, ja richtig weltmännisch. Das ist aber auch der einzige Mann, der mir mit Schal gefallen hat.

Im Übrigen: Schon mal 'nen richtigen Kerl frieren sehen? Unser Held zieht sich selbst im Schneesturm seinen Pulli aus, um uns damit zu wärmen. Memmen frieren, aber nicht der Mann meines Herzens. Wenn es kalt ist, pustet sich mein Traummann in die Hände, hüpft ab minus zwanzig Grad meinetwegen von einem Bein aufs andere und macht sich warme Gedanken, aber er zieht auf gar keinen Fall eine Mütze über.

Oder hat er einen Bad-Hair-Day? Dafür hätte ich ja noch ein gewisses Verständnis ... – obwohl, nein, das ist eine Frauendomäne und sollte auch eine bleiben. Männer haben keine Frisuren. Männer haben Haare, die kurz oder ganz kurz getragen werden. Was soll denn da bitte nicht sitzen? Männer brauchen auch keine Spülung, keinen Festiger und schon gar keine Bürste. Nasses Haar schütteln, einmal mit den Fingern durch, fertig.

Männer müssen über Haare auch nicht viel wissen. Sie brauchen zum Beispiel keine Ahnung davon zu haben, wie man Haare flechtet. Wozu auch, wenn sie nicht gerade eine Ausbildung zum Friseur machen?

Obwohl, ich hatte mal einen Freund, der hat mir doch tatsächlich manchmal einen Zopf geflochten. Und zwar gar nicht so schlecht. Es hat mich echt gewundert, woher der das so gut konnte. Es gibt ja sogar Frauen, die da Schwierigkeiten haben, weil ein schöner Zopf schon etwas Übung braucht. Irgendwann bin ich dann dahintergekommen, woher der Kerl das hatte. Er war nämlich Reiter und hat sogar mal einen Gaul besessen. Und wenn Pferde an einem Wettbewerb teilnehmen, wird denen die Mähne geflochten – in so ganz viele kleine Zöpfe. Daher konnte er das also so gut! Der Junge blieb aber die einzige Ausnahme, ich habe danach nie wieder jemanden getroffen, der das konnte. Wenn Männer alles könnten, wären sie mir auch nicht ganz geheuer.

Wo wir gerade bei Haaren sind: Ein unerfreuliches, aber leider immer wiederkehrendes Thema sind Haare auf dem Rücken. Hilfe! Wozu bitte schön, sollen die eigentlich gut sein? Ich will mich doch nicht daran festhalten. Am Zopf einer Frau ziehen, während man gerade leidenschaftlichen Sex hat, ist das eine. Aber an den Rückenhaaren beim Kerl? Nein danke, das finde ich gar nicht sexy. Da kommt bei mir sofort die Kosmetikerin zum Vorschein. Im Geiste rühre ich schon den warmen Wachs an, um den Mann hinten haarfrei zu machen. Also wirklich, bitte sofort einen Termin zum Entwachsen! Haare auf der Brust sind ja noch gut und schön. Aber ein komplett bewachsener Rücken? Wirklich nicht! Und ja, ich weiß, dass Wachsen weh tut, aber dieses Opfer sollten echte Kerle bringen, wenn der Sex mit uns kein One-Night-Stand bleiben soll.

Was mir wiederum überhaupt nicht gefällt, ist, wenn Männer sich die Beine rasieren. Wenn er nicht nachweislich Tour-de-France-Fahrer oder Olympia-Schwimmer ist, ist das doch schrecklich. Bei Frauen ist das was anderes, aber bei Männern sind Haare an den Beinen doch toll – eben männlich!

Was mich bei einem Mann sonst noch in die Flucht schlägt, sind Ohrringe. Und was auch so gar nicht geht, man aber auch nicht auf den ersten Blick sieht, weil sie doch meistens an nicht öffentlich sichtbaren Körperteilen angebracht sind, sind Piercings. Teenies lassen sich an den merkwürdigsten Stellen Löcher machen, wo sie dann Ringe, Ketten oder was auch immer durchziehen. Teenies haben Piercings, Männer haben keine Piercings.

Ich hatte mal was mit einem, dem steckte so ein Ding im Bauchnabel. Ich dachte, ich gucke bzw. fühle nicht richtig, und habe mir im ersten Moment schon Sorgen gemacht, dass der einen Bauchnabelbruch hat, ganz ohne Scherz. Da liegt ein erwachsener Mann neben einem, und auf einmal hat man so einen Knubbel in der Hand. Das war schon komisch.

Ein anderer meiner Verflossenen hatte sich auch ein Piercing stechen lassen, und zwar durch die rechte Brustwarze. Das musste er aber ganz schnell rausnehmen, als er es mit mir zu tun bekam. So ein Nippel-Ding ist doch einfach nur pubertär. Das hat er auch ohne Widerworte gemacht. Da war er ganz pragmatisch und meinte dazu: »Das kann ich mir ja wieder neu stechen lassen, wenn du weg bist.« Wo er recht hat, hat er recht. Vielleicht hat er sich das zwischenzeitlich zugeheilte Brustloch schon wieder erneuern lassen.

Tattoos sind im Gegensatz zu Piercings ganz in Ordnung, aber wehe, da steht irgendwo ein Frauenname. Wie kann man nur so blöd sein, eine Liebschaft für immer und ewig in seine Haut einritzen zu lassen? Stellt euch jetzt einfach mal vor, ihr liegt im Bett mit eurem neuen Freund und kuschelt euch von der Halspartie abwärts: vorbei an Sabine auf der Brust, dann

trefft ihr Katja am Bauchnabel und Cindy in der Hüft-
gegend. Von der Leiste strahlt euch noch Sarah entgegen, wobei ihr dann endgültig die Lust verliert und
im Wegdrehen noch einen Blick auf Simone auf dem
Schulterblatt werfen dürft. Noch Fragen?

Bei einem einzigen Frauennamen, den sich mein
Liebster für immer und ewig unter die Haut hat setzen
lassen, werde ich schwach – dem Namen seiner Mutter. Der darf stehen, wo und so groß er will, das ist einfach süß. Die Mama ist doch die einzige Frau, die ein
Mann immer schätzen, ehren und lieben wird – und
niemals betrügen. Mama ist heilig, Mama ist die Beste.
Und gleich danach sollten wir kommen.

Was man bei einem Mann beim Kennenlernen unter
Umständen sofort mitkriegt, ist das Auto, das er fährt.
Falls er überhaupt eins hat. Ob ein Auto wichtig ist,
kommt vor allem auf den Wohnort an. In ländlichen
Gebieten ist es natürlich von Vorteil, wenn sich die
Treffen nicht nach dem Wochenend-Busfahrplan rich-
ten müssen. In der Stadt ist das einfacher. Aber was
für eine Karre er fährt, ist völlig wurscht. Hauptsache,
sie fährt von A nach B und erfüllt damit ihren Zweck.
Nichts ist doch schlimmer als diese fürchterlichen
Protz-Typen, die ihre Schlüssel überall auf den Tisch
schmeißen und damit sagen wollen: »Schaut her, was

ich für ein toller Kerl bin. Ich habe 'ne super Karre vor der Tür. Mann, bin ich cool.«

Da sind sie bei mir an der ganz falschen Adresse. Ich bin nämlich zu blöd, eine Schrottkarre von einem 300-PS-Gefährt zu unterscheiden, geschweige denn, an irgendeinem Schlüssel was zu erkennen. Mir könntest du glatt ein Auto ohne Motor andrehen, wenn's denn rollt. Mir ist es auch sooo egal, ob ich in einer Familienkutsche mit gerade noch zwei Monaten TÜV sitze oder in einer roten Schleuder mit Pferdchen vorne drauf, nach der sich alle Männer auf der Straße umdrehen – ich bin sowieso hundertprozentig davon überzeugt, dass sie das nur tun, weil ich auf dem Beifahrersitz throne.

Bei diesen Ich-schmeiß-mal-ganz-lässig-meinen-Schlüssel-auf-den-Tisch-Typen fehlt nur noch, dass sie einen Kontoauszug hinterherwerfen. Wir sind hier doch nicht im Pfandleihhaus. Ich kann euch sagen, wenn irgendeine Theorie stimmt, dann die, dass diese Männer meistens einen ganz, ganz Kleinen haben. Wer normal bestückt ist, hat so was echt nicht nötig.

Übrigens, meine Vorliebe für Männer mit großen Nasen hat auch nichts mit dem Spruch zu tun: An der Nase eines Mannes erkennst du seinen Johannes. Ich mag Männer mit großer Nase, weil ich selbst so eine kleine, stupsige habe. Gegensätze ziehen sich eben an.

Neben Nasen achte ich noch sehr auf die Zähne. Ich finde es nämlich unheimlich erotisch, wenn die ein bisschen schief stehen. Bloß nicht so eine komplett fehlerfreie, gerade, glatte, megaweiße Kauleiste. Da muss ich sofort an Stefan Raab denken, das ist einfach zu viel.

Die Jungs in Hollywood haben ja auch immer so tolle Zähne. Zugegeben, ich mit meinem Zahnfetisch bin da natürlich empfänglich für – was mich betrifft, vergeht ja kein Tag, an dem ich nicht mit extra weißender Zahncreme schrubbe. Tom Cruise, Bradley Cooper, Ryan Gosling und wie sie alle heißen, echte Strahlemänner. Aber so richtig natürlich ist das alles nicht. Der eine hat noch vor ein paar Jahren eine Zahnspange getragen, der Nächste hilft bestimmt mit Veneers nach – das sind diese Verschalungen, die auf die richtigen Zähne aufgeklebt werden, so wie manchmal Häuser einfach eine Klinkerwand vorgesetzt bekommen. Der Nächste sieht seine Bleaching-Tante wahrscheinlich häufiger als seine Ehefrau. Ganz schön viel Aufwand. Nee, mein Typ kann ruhig eine kleine Zahnmacke haben. Die Hauptsache ist doch, dass er immer schön putzt und nicht aus dem Mund riecht.

Wo wir gerade vom Riechen reden: Am liebsten ist es mir, wenn ein Mann noch nicht einmal Parfüm aufträgt. Das kann ja jeder, sich mit fremden Federn bzw.

Düften schmücken. Aber Marke Eigenduft ist einfach einmalig – wunderbar. Ich kuschel mich jeden Morgen in die Kissen bei meinem Schatz (wenn ich denn gerade einen habe), um seinen Duft der Nacht einzufangen. Je mehr er geschwitzt hat, desto besser – und das habe ich natürlich mit in der Hand, denn sein Schwitzgrad liegt ja auch an meinem Zutun! Verrückt macht mich auch der Geruch nach Weichspüler. Das riecht so lecker und frisch gewaschen.

Wenn ihr euch mit einem Mann in einem Lokal trefft, gibt es da so ein paar Dinge, an denen ihr direkt erkennen könnt, dass der Typ nichts bringt. Gar nicht süß sind zum Beispiel spezielle Trinkgewohnheiten. Auch hier heißt es: Finger weg!

Männer, die »Latte« trinken – No-Go

Männer, die Fanta trinken – No-Go

Männer, die Kakao trinken – No-Go

Männer, die irgendwas mit Strohhalm trinken – No-No-Go.

So einen Typen müsst ihr euch gar nicht erst schöntrinken, der ist und bleibt ein kleiner Junge. Nein, den wollen wir nicht wiedersehen.

Vorsicht auch bei Männern, die ihre Pizza mit Messer und Gabel essen. Für ihn gilt offenbar nicht unser Alles-mit-Käse-Verbot beim ersten Date, aber was er isst, ist ja nicht unsere Sache. Doch es gibt einfach Sachen, die tut man nicht, und Pizza mit Messer und Gabel zu essen gehört ganz klar dazu. Das ist nur noch mit Hähnchen zu steigern. Wer so eine Keule nicht in die Hand nimmt, sondern versucht, sie mit Besteck zu bearbeiten, gehört in die Chirurgie und nicht ins Restaurant. Ein echter Mann macht so was nicht.

Um einen Mann besser einzuschätzen, ist es auch sehr hilfreich, einen Blick in seine Wohnung zu werfen. Wenn euch ein Typ also erst mal gut gefällt und er euch auch im Laufe des Kennenlernens nicht in die Flucht schlägt, kommt der nächste Härtetest: der erste Besuch bei ihm zu Hause.

Schon an der Eingangstür stellt sich heraus, ob es sich für euch überhaupt lohnt, die Wohnung zu betreten, denn wenn er euch fragt, ob ihr die Schuhe im Flur ausziehen könntet, solltet ihr zusehen, dass ihr ganz schnell wieder wegkommt. Schuhe ausziehen, das kann ja wohl nicht sein Ernst sein! Das sind doch nicht einfach nur Schuhe, also Sohlen an den Füßen, die das Gehen erleichtern. Schuhe sind schließlich das i-Tüpfelchen des Outfits. Erst sie machen aus den vielen kleinen Sachen – Shirt, Rock, Jacke – ein komplettes Ganzes. Ausziehen? Nur über meine Leiche. Kulturbanause.

Wollen wir aber hoffen, dass er euch ganz lieb und freundlich an der Tür empfängt und euch gleich hineinbittet. Dann seht ihr auf den ersten Blick, ob nun das große Klettern losgeht – das heißt, ob ihr erst einmal mühsam über Haufen von Schuhen, schmutziger Wäsche oder gar leere Bierkästen steigen müsst, um von der Wohnungstür bis zum nächsten freien Platz auf der Couch oder sonst wohin zu kommen. Das geht natürlich auch nicht. Ein bisschen aufgeräumt sollte er haben, allein schon aus Respekt vor eurem Besuch. Am besten wäre es ja, wenn es auch noch müffelt, wie damals, wenn wir nach dem Sportunterricht vergessen haben, die Tasche auszupacken. Da hat Mama immer geschimpft, ausnahmsweise mal mit Recht. Und ein Typ, der offensichtlich ein kleines Dreckproblem hat, macht keinen Appetit auf mehr.

Nun sind Sauberkeit und Ordnung aber relativ. Sieht die Bude aus wie die Musterwohnung beim Fertighaus-Hersteller, dann ist das genauso verdächtig. So was gibt's nämlich auch – zu ordentlich. Wenn alles auf Kante liegt, die Handtücher gebügelt und die Tischplatten auf Hochglanz poliert sind, kriege ich das Gefühl, dass er mir sein Leben nur vorspielt. Aber ich will ja wissen, wie er wirklich lebt – nicht, wie die Wohnung aussehen kann, wenn sich mal eine Frau reinverirrt.

Früher oder später müsst ihr ja sicher mal ins Badezimmer — ganz Neugierige können auch einfach behaupten, sie müssten mal — und auch da reichen fünf Sekunden Scannerblick, um festzustellen, ob der Herr Potenzial zum neuen Mann an unserer Seite hat.

Wenn weit und breit keine Klobürste zu sehen ist, dann hat sich das Thema von vornherein erledigt. Es ist so ein typisches Jungsding, dass die meinen, ohne Bürste durchs Leben zu kommen. Die nehmen sie ja noch nicht einmal im Hotel zur Hand. Keine Ahnung, was die immer denken, wer ihre Scheiße hinter ihnen wegmacht. Ich ganz bestimmt nicht.

Es gibt auch Sachen, die im Badezimmer eines Mannes nichts zu suchen haben. So darf er zum Beispiel außer der Klobürste noch genau eine Bürste haben: eine Zahnbürste. Schön wäre dann noch, wenn die Borsten nicht in alle Himmelsrichtungen zeigen, weil sie schon seit vorletztem Sommer an seinen Zähnen entlanggeschrubbt sind. Wenn die Zahnbürste schon länger lebt als die Zahnpastatube, ist irgendwas bei der Mundhygiene schiefgelaufen.

Haarbürsten haben in Männer-Bädern dagegen nichts zu suchen. Wozu denn? Was soll denn das bitte für eine Frisur sein, bei der er mit einer Bürste nachhelfen muss? Womöglich noch mit einem Stielkamm hochtoupieren, oder was? Von einer Bürste ist es auch bis zum Glätteisen nicht mehr weit. Dann kann er auch gleich seine Haare färben und ins Solarium gehen. Und wenn er schon dabei ist, auch noch die Augenbrauen zupfen lassen und sich einen Termin zum Nägel polieren machen. Bloß nicht!

Ich finde, es gibt ein paar Dinge, die sind ausschließlich uns Frauen vorbehalten, und das ist auch gut so und soll genauso bleiben.

Ich finde es sowieso toll, wenn ein Mann zu seinen grauen Haaren steht – das ist männlich, begehrenswert, ein Haben-wollen-Typ. Ein Mann mit gefärbten Haaren sieht daneben total albern aus.

Ähnlich wie mit der Haarbürste sieht es auch mit dem Föhn aus. Welcher gute Mann braucht denn bitte so einen Heiß-Trocken-Puster? Es ist doch nichts erotischer, als wenn ein Mann aus der Dusche kommt, sich einmal richtig schüttelt (so wie die Hunde, wenn sie im See schwimmen waren) und sich dann mit den Fingern durchs nasse Haar fährt – und fertig. Ab in die Jeans, der Tag kann beginnen.

In so ein Männerbad gehören Zahnbürste, Zahnseide, Deo, Rasierschaum und Rasierer. Meinetwegen noch eine kleine Dose Creme – das war's. Mehr braucht ein Mann nicht. Mir wird schon ganz mulmig, wenn ich bei einem Haargel oder -wachs rumstehen sehe. Wozu? Da will ihm doch keiner mehr durch den Schopf wuscheln, wenn die Haare so klebrig sind.

Diese Verweiblichung und Verweichlichung der Männer verstehe ich nicht. Metrosexuell nennt man das ja. Wer hatte nur diese blöde Idee! Hat das wirklich dieser David Beckham erfunden? Vielleicht wurde er von seiner Victoria dazu gebracht, so nach dem Motto »Schatz, ich habe im Badezimmer zu wenig Platz für meine ganzen Dosen, Tuben, Töpfe, Tiegel. Räum mal deine Sachen weg, aber dafür kannst du meine mit benutzen.« Metrosexuell, was für ein Schwachsinn!

Vielleicht könnt ihr bei eurer Wohnungsexpedition ja auch schon einen kleinen Blick ins Schlafzimmer werfen – aber dabei nicht erwischen lassen, sonst kommt er nur auf dumme Gedanken! Ihr wollt ja nur mal gucken, wo ihr eventuell mal landen könntet. Und ob das Bett einen gemütlichen Eindruck macht. Wenn ihr dann entdeckt, dass der Mann Satinbettwäsche oder Blümchenmuster aufgezogen hat, braucht ihr euch gar nicht erst auszuziehen. Ich weiß, man soll ja nicht nach Äußerlichkeiten gehen, und schlafen (und Sex haben) kann man so ziemlich überall, aber so eine Bettwäsche ist nicht nur ein Angriff auf die Geschmacksnerven, sie ist ein Statement, und das sagt: Der hat entweder zu viele schlechte Pornofilme geguckt, oder Mama steht morgens mit einem Frühstückstablett vorm Bett. Beides muss man ja nicht unbedingt haben.

Ich weiß gar nicht, wer auf diese Idee gekommen ist, dass Satinbettwäsche sexy sein soll, denn das stimmt ja nun wirklich nicht. Sie ist kalt, glatt und pflegeintensiv. Man rutscht vom Laken und sieht jeden Fleck. Satinwäsche kommt nur in billigen Pornoproduktionen aufs Bett.

Blümchenmuster hingegen sind meistens in zweiter Generation vererbt – mindestens. Die Wahrscheinlichkeit, dass euer Liebster darin schon gezeugt wurde, ist relativ groß. Oft stammt sie noch aus der Kommode der Oma, die die Wäsche sorgsam hegte und pflegte, per Hand stärkte und bügelte und bei Bedarf mit dem Stopfpilz bearbeitete. Und deshalb – weil sie noch so gut in Schuss und sie zum Wegschmeißen viel zu schade ist – hat sie sich mittlerweile bis in die Junggesellenbude vorgearbeitet und erfüllt nun hier ihren Zweck. Mama kommt bestimmt alle vierzehn Tage, zieht die Wäsche ab, neue auf und kümmert sich auch ansonsten um den Haushalt des Jungen. Nein danke! Eine Schwiegermutter in spe ist schon schwierig genug und birgt großes Aggressionspotenzial, aber wenn sie dann noch so dicht bei dem Jungen ist – das ist dann wie ein nicht ganz so flotter Dreier.

Anders verhält es sich mit Fußball-Bettwäsche. Das klingt jetzt vielleicht komisch, ich finde aber, sie ist erlaubt, weil männlich. Ja, das meine ich ernst. Ob

Bayern, Schalke oder Dortmund, rot, blau oder gelb – egal, hier steht jemand zu dem, was er ist oder zumindest mal war. Außerdem scheint er gerne mit Bällen zu spielen, was ja beim Sex von Vorteil sein kann ...

Da hat jemand irgendwann mal ohne lange nachzudenken sein Jugendzimmer zusammengeräumt und sich auf den Weg in ein neues Leben gemacht – ohne gleich alle Altlasten abzustoßen. Warum auch, nicht alles von früher ist schlecht. Ich habe auch noch alte Barbie-Wäsche im Schrank und ziehe sie manchmal auf. Wir müssen doch nicht immer so furchtbar erwachsen tun. Ich finde Fußball-Bettwäsche auf jeden Fall klasse – am liebsten ist mir dabei natürlich die von Kaiserslautern ...

Wo wir gerade im Schlafzimmer sind: Da ist auch noch die Frage, was wir von einem Fernseher vor dem Bett halten. Ich mag das nicht. Nun bin ich ja die Letzte, die was gegen Fernsehen haben kann, aber wenn ich im Bett liege, will ich schlafen, weil ich müde bin. Oder ich will mich mit meinem Liebsten müde machen. Und wenn ich in die Glotze gucken will, mache ich es mir auf dem Sofa bequem. Wenn man das vermischt, stellt sich nachher noch die Frage: Eine Runde Sex – oder doch lieber beim *Nachtjournal* einpennen. Wer weiß, vielleicht haben die Leute früher mehr Kinder bekommen, weil da in jedem Haushalt nur ein

Fernseher in der guten Stube stand und das Nacht-programm darum klar war.

Was mich außerdem an der Flimmerkiste vorm Bett stört, ist, dass man dann irgendwann in der Nacht aus dem Schlaf schreckt, weil der Fernseher immer noch läuft und da gerade irgendeine Schießerei stattfindet. Die ganz Schlauen schalten ja den Sleep-Timer ein – das heißt, die Kiste stellt sich zu einer bestimmten Zeit, wenn man schon längst träumt, selbst aus. Hoch-modern – aber irgendwie krank. Ein Schlafzimmer ohne TV, das beflügelt meine Fantasie. Das beste Pro-gramm läuft immer im Bett, idealerweise ohne Wie-derholungen ...

Für die gesamte Wohnung gilt außerdem: Alles, was vom Jahrmarkt kommt, hat Hausverbot. Also weder selbstgeschossene Plastikblumen noch Lebkuchenher-zen gehören an die Wand eines Mannes. So gut kann gar keiner der in Zuckerschrift verewigten Sprüche sein, dass es sich lohnt, den aufzubewahren.

Tischdecken und Glasuntersetzer haben in einem Männerhaushalt auch nichts zu suchen. Fotos der Exfreundin sind der Oberabtörner. Und wo es Poster gibt, die mit Reißzwecken befestigt sind, ist eine Wim-pel-Sammlung meist nicht weit – auweia, das ist ja wie auf einer Zeitreise in die Jungssteinzeit. Eine Männerwohnung sollte eben weder ein vergrößertes Jugendzimmer sein noch eine Zweitwohnung der Mama, die es ihrem Jungen schön gemütlich gemacht hat.

Es gibt natürlich auch ein paar Deko-Sachen, die in seiner Wohnung toll sind. Wenn da zum Beispiel irgendwo ein Bilderrahmen steht, in dem der Herr des Hauses mit seinen Eltern verewigt ist, dann ist das ein gutes Zeichen. Erstens sieht man an den Eltern oft, wie der Spross später wohl mal aussehen wird. Zweitens spricht es für eine intakte Familie – und wer will die nicht, bitte schön? Meinetwegen kann da auch noch ein Foto von der Mannschaft stehen, mit der der Kerl mit neunzehn fast Fußball-Weltmeister oder zumindest Kreismeister geworden ist. Stolz ist doch was Schönes – und stolz soll er ja auch auf euch sein. Mit euch steigt er schließlich unweigerlich in die Champions League auf.

Ein gutes Zeichen ist es auch, wenn irgendwo ein Kunstwerk an der Wand hängt. Das muss überhaupt nicht teuer sein. Geschmack ist bekanntlich keine Frage des Preises. Wenn er dann noch was Schlaues erzählen kann zu seinem Meisterwerk, warum er es mag, wer der Künstler ist und wo er es herhat – dann bin ich richtig beeindruckt. Und damit meine ich nicht ein Picasso-Plakat aus dem Möbelhaus, sondern was ganz Individuelles, Spezielles.

Jetzt habe ich so viel zu Äußerlichkeiten und der Wohnung erzählt, dabei liegt mir doch auch eine charakterliche Eigenschaft bei Männern am Herzen. Beziehungsweise, eine Charaktereigenschaft, die er nicht haben darf: Ein Mann darf nämlich auf keinen Fall eitel sein. Es reicht doch schon, dass ich eitel bis zum Gehtnichtmehr bin. Ich kann ja an keinem Spiegel vorbeigehen, ohne einen kurzen Checker-Blick hineinzuwerfen. Und da hätten wir das Problem: Ich bin nicht bereit, meinen Spiegel mit irgendjemandem zu teilen.

Es ist schon schlimm genug, wenn man den Spiegel an andere Frauen abtreten muss. Vielleicht kennt ihr das auch, dass man beim Einkaufen aus der Umkleidekabine kommt und sich in Ruhe von vorne, hinten, unten, oben, links, rechts im Spiegel begutachten will, und gerade in dem Moment, wo man sich und seinem Spiegelbild die Frage stellt, ob man denn nun wirklich die Schönste im ganzen Land ist, drängt sich so eine Gazelle vor, dreht und wendet sich, lässt einen gefühlte zehn Kilo dicker aussehen, weil sie bei 1,80 Meter geschätzte fünfzig Kilo auf die Waage bringt? Da stapfst du nur noch genervt davon. Vor meinem Spiegel ist kein Platz für zwei!

Das gilt auch für Männer. Ich weiß sowieso nicht, was die vor einem Spiegel wollen. Das Thema hatten wir doch schon, dass sie nicht länger als fünf Minuten –

inklusive duschen – im Badezimmer brauchen dürfen. Wozu denn dann ein Spiegel? Klar, zum Rasieren, aber dafür reicht ja so ein kleiner runder. Aber wozu sollte ein Mann sich vor einen Ganzkörperspiegel stellen? Das machen doch nur die Bodybuildertypen, die dann noch den Bizeps anspannen und denken: Wow, was bin ich doch für ein toller Hecht!

Apropos Bizeps – Muskeln sind ja nicht so meine Sache. Ich finde, ein Sixpack gehört in den Kühlschrank. Das hat doch am Bauch nichts zu suchen. Wenn ich mir überlege, was der Mann da für Zeit investiert hat, nur um mit diesem knallharten Waschbrett anzugeben. Und dann ist das auch noch ein Körperteil, das kaum jemand zu sehen bekommt. Oder wo laufen normale Jungs mit entblößtem Oberkörper rum? Gut, im Freibad, aber hierzulande ist der Sommer ja kurz. Ich kenne diese Typen nur von den Covern diverser Fitness-Zeitschriften, aus Bettszenen in Hollywood-Streifen, und wahrscheinlich laufen die noch in der Sauna rum – da würde ich allerdings ums Verrecken nicht in den gemischten Bereich gehen, also auch wieder kein Vorführeffekt.

Nee, stahlharter Bauch ist doof. Das ist doch gar nicht kuschelig. So ein bisschen Bauch- und Hüftspeck finde ich niedlich. Ein bisschen, wohlgemerkt. Man muss ja nicht gleich von einem Extrem ins andere fallen.

Also, deshalb brauchen meine Männer auch keinen riesigen Spiegel. Die wissen eben einfach, dass sie gut sind, und müssen sich nicht wie irgendwelche eitlen, blöden Gockel mit stolzgeschwellter Brust selbst bewundern. Und überhaupt, tolle Jungs sollten immer der Frau an ihrer Seite den Glanz überlassen. Das ist bei Menschen eben anders als in der Tierwelt. Hier sollten wir Frauen unsere Löwenmähne zeigen und das prächtige Gefieder präsentieren.

Ich hatte mal einen guten Bekannten, der immer die *Du darfst*-Werbung nachgespielt hat. Der ging an keinem einzigen Schaufenster vorbei, ohne dass er sich davor begutachtet hat. Immer schnell den Bauch eingezogen, das Haar zurückgekämmt, die Schultern nach hinten, den Rücken gerade, die Jeans noch mal hochgezogen. Ich dachte, ich spinne. Der hatte echt eine Macke. Also Finger weg von Spieglein-Spieglein-an-der-Wand-Typen. Der Spiegel ist allein unser Revier!

7. Der erste Sex

oder

NICHT OHNE
MEIN GUMMI

....

Beim Thema erster Sex mit dem Neuen fang ich mal beim Morgen danach an. Dass wir nach dieser historischen Nacht bei *ihm* aufwachen, ist ja klar, denn wir nehmen in den ersten Nächten *niemals* einen Typen mit zu uns nach Hause. Das hat nicht nur damit zu tun, dass wir so gleich seine Wohnung checken können (wie aufschlussreich das ist, habe ich gerade beschrieben), sondern liegt besonders daran, dass es viel einfacher ist, selbst zu gehen, als jemanden rauszuschmeißen.

Wenn wir bei ihm sind, haben wir alles in der Hand – erst ihn und seinen besten Freund, später unseren Abgang. Wollen wir noch bleiben und ein bisschen kuscheln? Bitte schön, kein Problem. Er wird es nicht wagen, uns vor die Tür zu setzen, nachdem wir ihm so viel Freude bereitet haben.

Spätestens um zehn Uhr morgens sollten wir aber verschwunden sein. Das reicht für den Anfang. Wir wollen ja nicht gleich bei ihm einziehen – zumindest noch nicht. Ein kleines Frühstück darf sein, muss aber nicht, und dann nichts wie los.

Haben wir selbst allerdings schon vorher keine Lust mehr, können wir jederzeit abziehen. Und schwups, sind wir raus aus der Tür. Ganz wichtig dabei ist, dass ihr, bevor ihr die Tür von außen zuzieht, noch mal all eure Habseligkeiten checkt. Habt ihr euer Handy, mit dem ihr nachts noch schnell eurer Freundin die Erfolgsmeldung geschickt habt, dass ihr jetzt bei ihm auf der Couch sitzt? Und euer Lipgloss, mit dem ihr im Bad noch mal nach der wilden Knutscherei auf dem Teppich nachgelegt habt? Ganz wichtig: euer Schlüssel! Ist der nicht vorhin aus der Tasche gefallen, als ihr euch schon im Flur befummelt habt, noch bevor die Haustür überhaupt ins Schloss gefallen ist?

Nichts ist peinlicher, als einen bühnenreifen Abgang hingelegt zu haben und dann wieder kleinlaut an der

Tür klopfen zu müssen: 'tschuldige, aber ich habe was vergessen! Besonders schlimm, wenn er gar nicht mehr aufwacht, weil er so groggy von eurem Treiben ist, dass er jetzt wohlig vor sich hin schlummert, vielleicht sogar von euch träumt, aber das verzweifelte Klopfen und Klingeln an der Tür nicht hört. Also lieber gleich alles mitnehmen.

So, jetzt mal ran ans Eingemachte: Reden wir über Sex. Ja, er ist garantiert nicht alles, aber doch wahnsinnig viel. Gerade darum sollte man auch locker bleiben und den ersten Sex mit einem neuen Freund bloß nicht überbewerten. Man kennt sich ja noch gar nicht, alles ist völlig neu. Das ist wie mit Turnschuhen, die man zum ersten Mal anzieht und die noch drücken. Je länger man sie aber trägt, umso besser passen sie, und desto lieber hat man sie.

Der erste Sex mit einem neuen Kerl ist immer wie das allererste Mal. Für beide! Da wird probiert, getastet und getestet. Worauf steht der andere, was mag er, was tut ihm weh, was törnt ihn an? Ich würde mal sagen, dass Sex circa fünfzig Prozent einer Beziehung ausmacht. Am Anfang sicherlich mehr, aber über kurz oder lang pendelt es sich so bei fünfzig Prozent ein. Das sollte es auf jeden Fall!

Schon mal besoffen guten Sex gehabt? Ich würde jede Wette eingehen, dass alle diese Frage mit Nein beantworten. Und warum? Weil es gar nicht geht – das schließt sich gegenseitig aus, genauso wie hoher Schuh und bequem, Intimzone wachsen und schmerzfrei und Katzenberger und Klappe halten. Es funktioniert einfach nicht!

Klar, so ein, zwei – na gut, vielleicht auch drei – kleine Drinks zum Lockermachen sind kein Problem. Da ist man gleich in Flirtlaune und nicht mehr so verkrampft. Ich bevorzuge da ja Kiba – also Kirsch-Bananensaft – mit einem Mini-Schuss Wodka drin. Betonung auf mini! Ich muss echt aufpassen, da ich ja so gut wie nie trinke und deshalb ziemlich schnell blau werde. Aber ich würde auch trinkfesteren Mädels als mir empfehlen, dass nach dem dritten Glas wirklich Schluss sein sollte, damit ihr auch noch Spaß im Bett habt und nicht nur in der Kneipe.

Das geht nämlich viel schneller, als man meint: Einer geht irgendwie immer noch rein – und weil's gerade soooo lustig ist, noch schnell einer hinterher. Und nachher liegt ihr bei ihm flach, und das Bett, vielleicht sogar das ganze Schlafzimmer, fährt Karussell mit euch. Aber nicht, weil ihr gerade den tollsten, wildesten, heißesten Sex überhaupt hattet, sondern weil ihr kaum noch wisst, wo oben und unten ist.

Ganz peinlich wird's dann auch, wenn man mittendrin oder gleich danach dringend ins Bad muss und er nur noch würgende Geräusche vom Klo hört. Allerdings immer noch besser, als gar nicht mehr bis ins Bad zu kommen. Kennt ihr die Szene aus *Keinohrhasen*, in der Matthias Schweighöfer alias Moritz eine Frau aus einer Bar abschleppt und ihr, als es gerade richtig zur Sache geht, auf einmal so übel wird, dass sie sich auf ihm übergibt? Sehenswert, aber auf keinen Fall nachahmenswert. Andererseits, wenn ein Typ eine so betrunkene Frau abschleppt, hat er es vielleicht auch nicht besser verdient.

Das ist ja auch so ein Punkt: Wenn man sehr betrunken ist, lässt man sich manchmal zu Sachen hinreißen, die man nüchtern vielleicht lieber nicht getan hätte, und am nächsten Tag geht es einem deswegen schlecht. Auch das ist ein Grund, beim Alkohol lieber aufzupassen.

Ich finde ja, die erste Nacht sollte aus anderen Gründen unvergesslich sein und nicht, weil man am nächsten Morgen mit dem Schädel seines Lebens aufwacht und nicht mehr weiß: Wer bin ich? Wo bin ich? Ganz zu schweigen von der Frage: Wer ist der nackte Typ neben mir, und was haben wir zusammen getrieben?

Eigentlich glaubt man ja immer, dieses Thema gar nicht mehr ansprechen zu müssen, aber ich bin doch jedes Mal wieder erstaunt, wie viele Menschen in Sachen Gummi einfach sau-unvernünftig sind. Dabei ist es doch eine Sache, die genauso selbstverständlich ist, wie dass ich mir Schuhe anziehe, wenn ich rausgehe. Oder den Schlüpfer runterziehe, wenn ich aufs Klo muss. Oder im Bus aufstehe, wenn eine ältere Dame neben mir steht. Genauso klar ist es doch, dass ich ein Gummi dabeihabe, wenn ich mich mit einem Mann treffe, bei dem auch nur im Entferntesten die Möglichkeit besteht, dass ich Sex mit ihm haben könnte. Und natürlich benutze ich es dann auch.

Wie kann man überhaupt auf die Idee kommen, es ohne zu treiben? Gut, zur Verhütung gibt es jede Menge andere Methoden. Ich nehme auch die Pille, schließlich will ich nicht plötzlich schwanger sein, ohne dass ich es geplant habe. Aber da gibt es ja noch genug andere Gründe! Es muss nicht mal gleich der schlimmste sein, also AIDS. Es gibt noch so viele andere Geschlechtskrankheiten, die man sich beim Sex einfangen kann. Und wenn wir mal ehrlich sind: Wir finden den Typen toll, sonst würden wir jetzt nicht unter, über oder neben ihm liegen. Aber was wissen wir wirklich von ihm? Und genauso umgekehrt, was weiß er von uns?

Vertrauen ist gut, Kontrolle ist besonders in diesem Fall viel besser. Wenn man sich wiedersehen will und häufiger miteinander Sex hat, dann kann man ja zusammen einen Test machen, und dann ist doch alles gut (hoffentlich!). Keiner braucht sich mehr Sorgen zu machen, und man kann den Sex gleich noch viel mehr genießen.

Und eins ist ja wohl klar: Ein Mann, der es mit uns nicht mit Kondom machen will, ist garantiert nicht der richtige. Mag sein, dass die Gummi-Allergie die meistverbreitete Krankheit bei Männern noch vor Heuschnupfen ist. Aber das ist in Wahrheit natürlich Schwachsinn. Und wenn er bettelt, es doch lieber ohne zu machen, weil er euch sonst nicht richtig spürt – vergesst es! Es gibt keinen, wirklich *gar keinen* Grund, auf diesen Schutz zu verzichten. So, jetzt hat die Besserwisser-Oberlehrertante gesprochen, nun ist auch gut – zumindest was das angeht.

8. Der Kater-TÜV

oder

WILLKOMMEN
BEI DEN
KATZENBERGERS

....

Nun ist es also so weit: Ihr habt alle Hürden des Kennenlernens bewältigt, findet euch immer noch toll und seid jetzt tatsächlich richtig fest zusammen. Damit ist nun alles geschafft? Nicht so schnell! Für eine harmonische Beziehung ist es nämlich nicht nur wichtig, dass ihr beiden euch gut versteht, da lauert ja auch noch die ganze Mannschaft von Familie und Freunden darauf, die neue Eroberung kennenzulernen – und die sind wahrscheinlich viel kritischer als ihr, denn die sind schließlich nicht verliebt. Klar, das Wichtigste ist natürlich, dass ihr davon überzeugt seid, dass der neue Mann an eurer Seite der richtige für euch ist. Aber einfacher, besser, schöner und irgendwie auch beruhigender wäre es doch, wenn alle anderen euren Schatz genauso gut finden würden wie ihr. Na ja, besser nicht genauso gut, aber gut genug, um ihn an eurer Seite zu akzeptieren.

Wann ist also der richtige Zeitpunkt, seinen neuen Freund zu Hause vorzustellen? Ich glaube: nie. Den richtigen Zeitpunkt gibt es einfach nicht. Schon gar nicht im Hause Katzenberger. Denn eins haben alle meine Exfreunde gemeinsam: Die wenigsten mochten meine Mutter und umgekehrt. Das wird schon seinen Grund haben.

Trotzdem, irgendwann kann man den neuen Mann nicht mehr verheimlichen, aber wann ist die Beziehung so weit, dass man seinen Freund in die Höhle des Löwen führen kann? Als grobe Faustregel (und Regeln sind ja dazu da, gebrochen zu werden) sage ich, so in etwa nach dem dritten Mal Sex ist es so weit. Wenn ihr erst mal in der Öffentlichkeit Händchen haltet, dann ab zu den Eltern! Wenn es im Bett mittlerweile richtig zur Sache geht, dann ab zu den Freundinnen!

Der Mutter-TÜV ist ein schwieriges Thema. Manchmal glaube ich ja, dass Mama Katze die lebende und wahrhaftige Vorlage für den Film *Meine Braut, ihr Vater und ich* war. Ihr wisst schon, diese Komödie mit Robert de Niro als ehemaliger CIA-Agent, der seinen Schwiegersohn in spe auf Herz und Nieren prüft, ihm nachspioniert und ihm sogar Wahrheitsserum einflößt. Das ist meine Mama, wie sie leibt und lebt. Es wundert mich schon ein bisschen, dass sie sich bis heute noch keinen Folterkeller zugelegt hat, der würde ihr gut stehen, bei ihren ausgeklügelten Verhörmethoden.

Und ich sage euch: Wenn Mama etwas wissen will, dann kriegt sie das auch raus. Die weiß nach fünfzehn Minuten mit einem Jungen mehr von ihm als ich nach vier Wochen Dauerdating. Und was sie alles wissen will! Ich glaube, die Frage nach dem Kontostand ist die einzige, die sie bisher noch nicht beim ersten Gespräch gestellt hat. Obwohl, wetten würde ich da auch nicht drauf.

Natürlich geht es auch immer um die Frage nach dem Beruf. Womit verdient der Schwiegersohn in spe denn so sein Geld?

Klar, Männer sollten einen Job haben. Mein Opa hat immer gesagt, ein echter Mann hat einen Job, sonst ist er keinen Schuss wert. Ich glaube, er hat recht. Ich war noch nie mit jemandem zusammen, der keine Anstellung hatte. Es würde mich, glaube ich, über kurz oder lang stören, wenn er arbeitslos wäre, weil ich gar nicht wüsste, worüber ich mich auf Dauer mit ihm unterhalten sollte. Der erlebt dann ja den ganzen Tag nichts, langweilt sich so vor sich hin und würde drauf warten, dass ich nach Hause komme und was von der großen weiten Welt erzähle. Das wäre mir dann doch zu einseitig.

Die ganze Sache mit dem ersten Treffen bei meiner Mutter ist besonders deshalb extrem schwierig, weil Mama die Jungs schon von Haus aus nicht immer mag, denn die sind ja ganz klar Konkurrenz für sie. Sie nehmen ihr ja irgendwie ihre Tochter weg. Nicht, dass wir uns gegenseitig nicht schon oft genug die Türen vor den Nasen zugeschlagen hätten, aber das ist dann was ganz anderes. Da entscheidet sie ja, ob sie nun gerade Lust auf mich hat oder nicht.

Wenn ich aber mit einem Typen anbandele, dann spielt sie plötzlich nur noch die zweite Geige. Und wenn sie irgendwas nicht haben kann, ist es genau das: nicht im Mittelpunkt zu stehen! Ich habe auf einmal also weniger Zeit für sie und kümmre mich in erster Linie um den neuen Mann an meiner Seite. Oha, da wird Mama nervös! Und wer kriegt das zu spüren? Ich, denn Mama ruft mich dann ständig an und möchte wissen, was ich mache und ob es mir gut geht. Und das ist auch nicht gerade einfach für die frische Beziehung.

Das ist schon ein bisschen komisch, wenn ich be- denke, dass meine Mutter mir seit Jahren in den Ohren liegt, dass ich mir doch endlich, *endlich* mal einen festen Freund zulegen sollte. Dass es mal Zeit würde. Dass, wenn sie nur noch einen Wunsch in ihrem Leben hätte, sie sich einen Mann an meiner Seite wünschen würde: Kind, langsam wird's aber wirklich mal Zeit!

Und wenn ich ausnahmsweise tue, was sie sagt, und auch noch jemanden gefunden habe, der sich nicht vor Angst in die Hosen macht, wenn ich ihn zum Begutachten nach Hause schleppe, dann ist das auch wieder nicht richtig. Dann fährt sie ihre frisch manikürten Krallen aus und begutachtet ihn von Kopf bis Fuß. Ich habe eben schon das ein oder andere Mal etwas danebengegriffen, darum ist Mama bei solchen Treffen in besonderer Alarmbereitschaft.

Ich kann nur sagen, zehnmal schlimmer als ein erstes Date ist das Treffen mit der Schwiegermutter in spe. Da ist es auch völlig egal, wie alt man ist. Von wegen, die Routine macht's. Vergesst es! Ganz gleich, ob man sechzehn Jahre alt ist und sich zum ersten Mal traut, jemanden mit heimzubringen oder ob man schon 27 ist, längst nicht mehr zu Hause wohnt, aber anstandshalber trotzdem seinen Freund mal den Eltern vorstellen will – die Aufregung und der Peinlichkeitsfaktor bleiben ein und dasselbe.

Das liegt daran, dass man eben immer Kind bleibt und sich an dem Mutter-Tochter-Verhältnis auch über die Jahre wenig verändert. Die Mutter hat (meistens) recht, und die Tochter widerspricht nicht. Das darf sie erst, wenn sie selbst Mama ist. Erst wenn ihr Mutter seid, wird eure Mama euch ansatzweise für voll nehmen. So war das, so ist das, und so wird es garantiert immer sein.

Meine Mutter mag übrigens Blumen im Gegensatz zu mir. Da komme ich wohl nicht nach ihr. Ich verrate meinen Freunden aber immer etwas, womit sie Mama noch besser ködern können. Sie liebt nämlich Marzipan. Das tut zwar ihrer Figur nicht unbedingt gut, beruhigt aber die Nerven und stellt sie nach dem ersten Bissen auf so einen Wohlfühlmodus ein. Was will man denn mehr? Gib dem Affen Zucker, denke ich dann immer.

Tja, wie macht man diesen leidlichen Wir-stellen-uns-heute-mal-bei-den-Schwiegereltern-vor-Besuch jetzt so angenehm wie möglich? Auf jeden Fall sollte er kurz sein. Am besten, es gibt einen Anschlusstermin, also eine furchtbar wichtige Verabredung, die ihr leider, leider nicht verschieben könnt. Dann habt ihr einen Rettungsanker und wisst, dass ihr spätestens in einer Stunde wieder raus seid, aus der Höhle des Löwen. Bis dahin heißt es eben, gute Miene zum nicht immer ganz erfreulichen Spiel machen.

Euer neuer Freund wird versuchen, sich von seiner

besten Seite zu zeigen. Ich schwöre euch, so gerade habt ihr ihn noch nie sitzen sehen! Als hätte er einen Besenstiel verschluckt. Höflich fragt er, ob er helfen kann, wenn das Muttertier Kaffee anbietet – den macht meine übrigens nur, wenn sie einen besonders guten Tag hat.

Und dann guckt man sich an, taxiert sich, ordnet den anderen ein – und schweigt vor allem viel. Das ist das Peinlichste bei diesen Treffen, diese Kunstpausen, die ewig dauern, weil schon alles gesagt ist – oder man sich von Anfang an nichts zu sagen hatte. Diese dröhnende Stille, in der man nur die schweren Atemzüge aller Anwesenden hört – da friert selbst einer Quasselstrippe wie mir manchmal die Zunge ein. Und das will wirklich was heißen.

Aber Gott sei Dank ist es dann ja meistens schon so weit: Zeit zu gehen. Schade, wir wären so gerne noch ein wenig geblieben. Ja, nächstes Mal dann länger. War schön. Nett, Sie kennengelernt zu haben. Auf bald. Und dann die Tür von draußen zumachen. Puh, geschafft! Keine Verletzten, keine Toten – bei mir in der Familie heißt das so viel wie: Meine Mama mag dich!

Es gibt aber noch eine Steigerung vom Mama-TÜV – und der ist ja schon, wie gerade beschrieben, der Alptraum in Tüten. Noch schlimmer ist nur noch der Freundinnen-TÜV! Wenn sich eine ganze Mädelsclique über eure neueste Errungenschaft hermacht, heißt es Nerven bewahren!

Auf was da alles geachtet wird! »Hast du gesehen, wie der sich am Kopf gekratzt hat?« Ja, habe ich, macht doch jeder von uns mal. Besonders, wenn er von fünf Weibern angestarrt wird, die nur darauf warten, dass er einen Fehler macht. Wie beim Mikado – eine falsche Bewegung, und alles ist verloren. Ja, er hat sich kurz am Kopf gekratzt. Nein, er hat weder Flöhe noch Läuse, da verwette ich meinen Arsch drauf! Schließlich habe ich schon diverse Male nicht nur meinen Kopf in seine Nähe gebracht, und ich kann euch versichern, dass bei mir nichts juckt – weder oben noch unten.

»Ich würde schwören, dass er in der Nase gebohrt hat.« Nun ist aber mal gut. Nur weil er sich kurz wie Wicki, der kleine Wikinger, über die Nase gestrichen hat (wahrscheinlich hatte er auch eine Idee), heißt das noch lange nicht, dass er kein Schamgefühl besitzt und sich in aller Öffentlichkeit Popel aus der Nase pult.

Freundinnen haben manchmal eine merkwürdige Art, einem die neue Liebe vermiesen zu wollen. Obwohl sie es ja eigentlich nur gut meinen und den Mann eben auf Herz und Nieren prüfen wollen. Schließlich wissen sie ganz genau, dass beim bitteren Ende eh wieder alles an ihnen hängen bleibt, es also nicht ganz unwahrscheinlich ist, dass man früher oder später weinend an ihrer Schulter hängt und sich darüber ausheult, was für ein gemeines Arschloch dieser Typ doch war. Und dann liegt's wie immer an der Freundin zu sagen, dass sie das doch gleich gesagt habe. Allein schon die Art, wie der sich am Kopf gekratzt hat ...

Der Freundinnen-TÜV ist natürlich auch deshalb so schlimm, weil die alles ganz genau wissen wollen – insbesondere, was den Sex angeht. Das ist zumindest ein Thema, das man bei der Mutter ausspart. Oder sprecht ihr mit eurer Mama über Sex? Ich habe dieses Thema bis heute immer tunlichst vermieden. Da meine Mama ja eh meint, mir in jeder Lebenslage mit klugen Ratschlägen zur Seite stehen zu müssen, brauche ich sie nicht noch als Sex-Ratgeberin. Nein, es gibt Sachen, die muss man ganz ohne Mamas Hilfe lernen. Guter Sex gehört dazu.

Mit den Mädels tauscht man sich dafür in diesen Dingen umso ausführlicher aus. Logisch, denn irgendwelche Vergleichsmöglichkeiten braucht man ja, um zu wissen, was »normal« ist. Dazu taugen einschlägige Pornofilmchen im Netz nämlich überhaupt nicht. Diese riesenbusigen, dauergeilen, nimmersatten Wesen, die alles hinhalten, ganz gleich ob oben oder unten, haben mit echtem Sex nämlich herzlich wenig zu tun. Übrigens genauso wenig wie die dauerrammelnden Baby-ich-mach's-dir-Typen, die locker dreißig Minuten ihren Mann stehen, dabei weder ins Schwitzen kommen, geschweige denn überhaupt kommen, bevor nicht so ziemlich jede Stellung des Kamasutras durchgehechelt worden ist. Nein, das ist kein echter Sex – und auch kein schöner.

Deshalb ist es umso besser, wenn man Freundinnen hat, mit denen man dieses Thema, um das ja doch ein Großteil der frischverliebten Gedanken kreist, ehrlich besprechen kann. Gut zu wissen, dass der eigentliche Akt bei den meisten Paaren nicht viel länger als zehn Minuten dauert. Gut zu wissen, dass vorher gerne gekuschelt wird, hinterher aber so gut wie nie. Dass er sich am liebsten erschöpft zur Seite dreht und wohlig grunzend einnickt, während sie im Zweifelsfall noch mal selbst Hand anlegt, wenn er nicht mehr auf sie warten konnte. Gut zu wissen, dass bei den meisten Paaren Sex doch im Schlafzimmer stattfindet und nicht auf der Motorhaube, dem Küchenblock oder stehender- und unbequemerweise unter der Dusche (mit extremer Ausrutsch- und Verletzungsgefahr). Gut zu wissen, dass es fast immer im Dunkeln passiert, da dann das lästige Baucheinziehen bei der Ich-bin-oben-Reiterstellung entfällt (ja, das ist eine Macke von uns Frauen, Männer stören die kleinen Rettungsringe gar nicht – ganz im Gegenteil). Auch gut zu wissen, dass es bei den meisten nach der ersten ganz frischen Verliebtheitsphase weitaus weniger als viermal am Tag zur Sache geht.

Ja, für solche offenen Gespräche liebe ich meine Freundinnen. Und deshalb verzeihe ich ihnen auch, wenn sie meinen Schatz nach dem ersten Kennenlernen in der Luft zerreißen, kaum ein gutes Haar an ihm lassen und ihn am liebsten gleich in die Wüste schicken wollen. Dass das ohnehin mit einiger Wahrscheinlichkeit irgendwann passiert, tut in diesem Moment nichts zur Sache.

Die Clique findet den neuen Freund also von vornherein schon mal scheiße. Dafür muss er noch nicht einmal etwas falsch gemacht haben. Er ist allein deshalb, weil er da ist, ein Störfaktor. Schließlich ist jetzt ein Mitbewerber in Sachen Zeit aufgetaucht. Jemand, der auch was von einem will und weshalb man immer häufiger Nein sagen muss, wenn die Freundinnen fragen: Wollen wir heute shoppen gehen? Nein! Lust auf 'ne Maniküre? Lust ja, Zeit nein! Heute Abend Kino? Ja, ich geh schon, aber nicht mit euch!

Ja, wenn ein neuer Mann im Leben auftaucht, wird die Freundschaft zur Mädels-Clique auf eine harte Probe gestellt. Nun weiß Gott sei Dank jeder, dass das vorbeigeht – irgendwie, irgendwo, irgendwann. Wenn die allererste Verliebtheitsphase mal rum ist und man entdeckt, dass der Traummann genauso pupst und rülpst wie jedes andere Menschenkind auch, dann hat man auch wieder mehr Zeit für die wesentlichen Dinge des Lebens – sich mit Freundinnen treffen, quatschen, klatschen, tratschen, sich neue Nägel machen lassen, Wimpern-Extensions und den Ansatz endlich perfekt nachfärben lassen.

Echte Freunde erkennt man daran, dass sie einem den kurzzeitigen Aussetzer verzeihen. Sie begreifen, dass da jemand derzeit das Wichtigste im Leben überhaupt ist, und sie wissen, dass sich über kurz oder lang alles wieder einpendeln wird. Und eins ist ja auch ganz klar, die Freundinnen bleiben für immer und ewig, die meisten Männer haben dagegen nur eine begrenzte Halbwertzeit, die sich in Wochen und Monaten berechnen lässt.

Wenn eine Beziehung aber doch mal einige Jahre überstehen sollte, was heutzutage schon absoluten Seltenheitswert hat, dann verschwimmen die Grenzen zwischen seinen Freunden und meinen Freunden oft. Dabei ist aber Folgendes zu beachten: Wenn dann doch irgendwann Schluss sein sollte, ist das wie mit Möbelstücken, die man in die gemeinsame Wohnung mitgebracht hat. Alles bleibt beim alten Besitzer, das heißt, jeder nimmt wieder das mit, was er am Anfang der Beziehung eingebracht hat. Ich bin da für die totale Gütertrennung auch bei Freunden. Meine Clique bleibt meine, und seine Clique bleibt seine.

Der ultimative Freundinnen-Test

Echte Freundinnen erkennt man daran, wie sie sich in Krisensituationen verhalten. Testet hier, ob ihr eine gute Freundin seid!

1) Deine beste Freundin will dir ihren neuen Liebsten vorstellen — wo trefft ihr euch?

A) Im Kino, da muss ich nicht so viel mit ihm quatschen. (0 Punkte)

B) Bei ihm zu Hause, da kann ich gleich seinen Stil checken. (3 Punkte)

C) In seinem Lieblings-Restaurant — wenn ich sehe, wie er isst, weiß ich, wie er ist. (2 Punkte)

D) Im Schwimmbad, da kann ich nicht nur seinen Charakter erkennen. (1 Punkt)

2) Du siehst, wie der neue Freund deiner besten Freundin in der Stadt mit einer anderen Frau flirtet — was machst du?

A) Nichts — ich arbeite doch nicht beim Geheimdienst. (0 Punkte)

B) Ein Handyfoto, das ich sofort weiterschicke. (3 Punkte)

C) Erst mal ruhig durchatmen, könnte ja auch seine Schwester sein. (2 Punkte)

D) Wenn ich es bis dahin nicht vergessen habe, erzähle ich es ihr ganz beiläufig bei unserem nächsten Treffen. (1 Punkt)

3) Du kennst den neuen Freund deiner besten Freundin von früher, darum weißt du aus eigener Erfahrung, dass er nichts anbrennen lässt, denn du hast selbst schon mit ihm geknutscht. Wie reagierst du?

A) Ich freue mich für sie, weil ich weiß, dass er ein Super-Knutscher ist. (2 Punkte)

B) Ich hoffe, dass er schlau genug ist, die Klappe zu halten: Wer will schon abgelegtes Spielzeug? (1 Punkt)

C) Ich gucke sicherheitshalber in meinem Tagebuch nach, ob wir wirklich »nur« geknutscht haben. (0 Punkte)

D) Ich warne sie vorsichtig, damit sie weiß, worauf sie sich einlässt. (3 Punkte)

4) Wie bereitest du dich auf das erste Treffen mit deiner Freundin und ihrem neuen Freund vor?

A) Ich erstelle einen genauen Fragen-Katalog, auf den Sherlock Holmes neidisch wäre. (3 Punkte)

B) Ich strapse mich mördermäßig auf, um zu sehen, ob er wirklich nur Augen für meine beste Freundin hat. (0 Punkte)

C) Wieso vorbereiten? Ich muss mich ja nicht beweisen, sondern er. (1 Punkt)

D) Ich lasse mich von meiner Freundin briefen, welche Hobbys er hat, und lese mich dann zwei Tage in die Geheimnisse des Fliegenfischens, Pool-Billards und Briefmarkensammelns ein. (2 Punkte)

5) Der Freund deiner besten Freundin flirtet dich an und will sich mit dir verabreden? Wie gehst du damit um?

A) Beste Freundinnen teilen doch alles. Warum sollte ich mich nicht mit ihm treffen? (0 Punkte)

B) Unverschämtheit. Ich haue ihm schon für die Frage eine runter. (3 Punkte)

C) Ich treffe mich mit ihm, um zu sehen, wie weit er tatsächlich geht. (2 Punkte)

D) Ich danke für das Angebot und rate ihm, seine Freundin zu fragen, ob er sich mit mir allein treffen kann. (1 Punkt)

6) Du findest den neuen Freund deiner besten Freundin total blöd, weil du denkst, dass er einen schlechten Einfluss auf sie hat.

Wie bringst du ihr das bei?

A) Gar nicht. Ich vermeide es einfach, die beiden zu treffen, bis sie selbst gemerkt hat, was für ein Vollpfosten das ist. (2 Punkte)

B) Ich sage ihr kurz und knapp, sie muss sich entscheiden: er oder ich. (0 Punkte)

C) Ich sage ihr meine Meinung, verspreche aber, dass ich mir Mühe geben werde, freundlich zu sein. Sie muss ja mit ihm ins Bett, nicht ich. (3 Punkte)

D) Ich sage nichts ohne meinen Anwalt. (1 Punkt)

7) Deine beste Freundin hat keine Zeit mehr für dich, seit sie frisch verliebt ist. Du bist plötzlich nur noch zweite Wahl – was tust du?

A) Welche beste Freundin? (0 Punkte)

B) Ich rege mich nicht auf, ich weiß ja, dass auch wieder andere Zeiten kommen. (3 Punkte)

C) Ich beschwere mich bei ihr und fordere ein Zeitkonto ein: Mindestens zwei Abende die Woche jungsfreie Zone. (1 Punkt)

D) Ich freue mich für meine vielen anderen besten Freundinnen, für die ich jetzt mehr Zeit habe. (2 Punkte)

8) Deine beste Freundin hat sich Geld bei dir geliehen, weil sie angeblich ihre Miete nicht

mehr zahlen konnte. Plötzlich siehst du sie mit einer neuen, teuren Handtasche. Wie gehst du damit um?

A) Ich haue ihr die neue Handtasche um die Ohren. Das ist unsere letzte gemeinsame Aktion. (0 Punkte)

B) Man muss auch gönnen können. (2 Punkte)

C) Ich wusste schon immer, dass sie ein bisschen spinnt, sonst wäre sie nie meine beste Freundin geworden. (3 Punkte)

D) Ich schleife sie zum nächsten Bankautomaten und lasse mir mein Geld auf Heller und Pfennig plus Bitch-Zuschlag zurückzahlen. (1 Punkt)

9) Du hast gehört, dass deine beste Freundin nach einem eigentlich harmlosen Streit hinter deinem Rücken schlecht über dich geredet hat. Wie löst du den Konflikt?

A) Auge um Auge, Zahn um Zahn – ich erzähle, dass sie Hämorrhoiden hat. (0 Punkte)

B) Ich trage es mit Fassung. Lästern gehört unter Mädels zum Geschäft. (3 Punkte)

C) Ich rufe sie weinend an und bettele um eine Entschuldigung – so wie ich das auch die letzten acht Mal gemacht habe. (2 Punkte)

D) Ich schreibe ihr eine SMS: »Das war's.« Danach lösche ich ihre Nummer in meinem Handy. (1 Punkt)

10) Deine beste Freundin beichtet dir, dass sie auf einer feuchtfröhlichen Party mit deinem Freund rumgemacht hat. Was nun?

A) Ich gebe ihr meinen Verlobungsring und wünsche den beiden viel Glück. (0 Punkte)

B) Ich frage sie, wie sie ihn denn so fand. (2 Punkte)

C) Ich lade sie zu einem flotten Dreier ein. Mal sehen, was der Junge wirklich draufhat. (1 Punkt)

D) Einmal ist keinmal. Lieber mit meiner Freundin als mit einer anderen Schlampe. So bleibt es wenigstens in der Familie. (3 Punkte)

Auflösung:

21–30 Punkte

Du bist fast wie ich – die allerbeste Freundin, die man sich wünschen kann.

13–20 Punkte

Auf dich ist als beste Freundin Verlass, aber in dein Herz lässt du dir nicht reingucken.

6–12 Punkte

Für eine beste Freundin denkst du viel zu viel an dich.

0–5 Punkte

Wer dich als Freundin hat, braucht keine Feinde mehr.

Eine Katzenfreundin erzählt

Bin ich eigentlich eine gute Freundin? Das kann nur jemand beantworten, von dem ich meine, dass wir wirklich gut befreundet sind: meine liebe Rebecca. Ihr kennt sie ja von zahlreichen Auftritten bei mir in der Sendung. Wir sind jetzt über vier Jahre befreundet und haben in der Zeit natürlich allerhand erlebt. Auch Jungsgeschichten! Also Rebecca, was meinst du?

Taugt Daniela deiner Erfahrung nach als Ratgeberin in Sachen Liebe bzw. Männer?

Meiner persönlichen Meinung nach taugt Dani definitiv als Ratgeberin in Sachen Liebe und Männer. Doch was Beziehungen angeht, denke ich, dass ich persönlich einiges mehr an Erfahrungen mitbringe als sie. Nichtsdestotrotz höre ich mir ihre Ratschläge immer gerne an und nehme sie mir auch zu Herzen. Auf unseren langen gemeinsamen Reisen hat sie mir so oft mit Rat und Tat beiseitegestanden, und ich kann ihr alles anvertrauen, das rechne ich ihr wirklich sehr hoch an. Ich denke, sie kann Männer sehr gut einschätzen und Daniela hat in einer anderen Art und Weise ihre Erfahrungen mit der Liebe und vor allem mit den Männern gemacht, deshalb denke ich, dass sie viel zu dem Thema sagen kann.

Was rät sie dir in Sachen Klamotten, erstes Date, wer wen wann anruft?

Also Dani weiß, dass ich mir in Sachen Styling etc. nicht viel sagen lasse, weil ich meinen eigenen persönlichen Stil bewahren möchte. Doch was sie mir gerne gibt, sind Schminktipps, zum Beispiel wie sich mit welchem Lidschatten oder Lipgloss Augen bzw. Lippen mehr betonen lassen. Besonders liebe ich es, wenn sie selbst bei mir Hand anlegt und mir das Make-up auflegt oder mir sogar die Haare macht. Schließlich ist sie gelernte Kosmetikerin, deshalb hat sie dafür ein wirklich gutes Händchen.

Kannst du sie zu jeder Tages- und Nachtzeit erreichen, wenn du Kummer hast?

Dani und ich sehen uns für gute Freundinnen eigentlich zu wenig. Doch mir ist in den letzten Jahren — seitdem ich sie kenne — bewusst geworden, dass deine beste Freundin nicht immer an deiner Seite kleben muss, sondern dass es das Wichtigste ist, dass sie immer und zu jedem Zeitpunkt für dich da ist. Damit möchte ich sagen, dass ich Dani immer anrufen oder mailen kann und sie mir immer zuhört und den passenden Ratschlag auf Lager hat.

Das macht eine wahre Freundschaft aus. Man weiß immer, da ist noch jemand, der ein offenes Ohr für dich hat und für dich da ist, und das ist die Hauptsache.

Wer war ihr bester und ihr schlechtester Typ?

*Ok, mmmmhhhhhh... Also ich kenne ja nicht alle
Freunde bzw. Lover von Dani, doch meiner Ansicht nach
gibt es keinen besseren oder schlechteren Typen. Jeder
hatte seine guten und seine schlechten Seiten, doch am
Ende haben eben meistens die schlechten Seiten über-
wogen, sonst wären die Beziehungen wahrscheinlich
nicht in die Brüche gegangen.*

*Den größten Fehler haben meiner Meinung nach
die besagten Freunde dann begangen, wenn sie meinten,
zur Presse rennen und sich wichtigmachen zu müssen.
Die meisten Jungs kamen mit dem Druck nicht klar
oder wollten selbst einen gewissen Ruhm durch Dani
erhalten! Aber eine Katze lässt sich weder bescheißen
noch verarschen ... und deshalb warten wir immer noch
auf Mr. Right!*

**Stellst du Daniela jeden Mann vor, den du kennen-
lernst — wenn ja, wie läuft so ein Treffen ab?**

*Also bitte, ich separiere das Ganze schon etwas. Ich
bin ein Typ, der täglich neue Menschen, auch Männer
kennenlernt, und ich glaube, Dani würde mich lynchen,
wenn ich ihr jeden von den Typen (dabei sind ja auch
viele Deppen) vorstellen würde ;-)*

*Aber klar, ich habe es immer wieder versucht, die
Katze unter die passende Haube zu bringen — das*

weiß man ja auch durch die verschiedenen Katze sucht Kater-Castings. Doch letztendlich bin ich irgendwie immer ins Fettnäpfchen getreten, obwohl ich völlig davon überzeugt war und immer noch bin, dass ich eine gute Partnervermittlerin bin ;-) Aber ich habe die Hoffnung noch nicht ganz aufgegeben, dass ich ihr irgendwann mal Mr. Right präsentieren werde!

Wart ihr schon mal in denselben Typen verknallt?

Nein, Dani und ich waren noch nie in denselben Typen verknallt, und ich denke, das wird auch in Zukunft niemals passieren. Erstens bin ich ja mit meinem Verlobten Julio fest zusammen, und Dani und er sind sich zu ähnlich, als dass sie sich jemals in ihn verlieben könnte. Da sind die Chancen gleich null!

Doch wie ich mich gerade so zurückerinnere, hat es bei einem Kandidaten schon bei uns beiden etwas geknistert, und zwar war es der Kater, der für sie Lady in Red gesungen hat ... Da wären wir uns fast in die Quere gekommen, aber am Ende habe ich ihn ihr doch überlassen ;-) (Nur Spaß, Dani!!!)

Was unterscheidet euch in puncto Jungs im Geschmack – wer steht auf welchen Typ Mann?

Also Dani und ich würden uns definitiv im Bezug auf Männer niemals in die Quere kommen, da wir beide einen komplett anderen Geschmack haben. Ich stehe auf den eher südländlischen Macho-Typ und Dani eher auf ältere, gestandene Männer. Sie macht sich wirklich nicht viel aus dem Äußeren eines Menschen, sondern bei ihr muss es einfach funken.

Trotzdem muss ich sagen, dass ich bei einer so hübschen jungen Frau ihren Geschmack manchmal nicht so ganz nachvollziehen kann, denn sie könnte die hübschen Jungs mit einem Fingerschnipsen locker haben, aber das interessiert sie null. Sie fühlt sich eher von älteren Männern angezogen.

Was für einen Mann braucht deine Freundin, die so öffentlich lebt, an ihrer Seite?

Als ich Dani vor vier Jahren kennenlernte, dachte ich mir, ich weiß mehr oder weniger, auf was für einen Typ Mann sie steht oder welcher gut zu ihr passen würde. Aber jeder, der Natürlich blond verfolgt hat, weiß ja, dass es mit meinen Verkupplungsversuchen nie so wirklich geklappt hat. Doch mittlerweile denke ich zu wissen, wer der perfekte Mann in ihrem Leben wäre. Und zwar muss er humorvoll, aber gleichzeitig zurückhaltend, stark und bodenständig sein. Sie braucht einen Mann, der sie auf Händen trägt, und das hätte sie ja auch wirklich verdient.

Ist die Katze eine gute Trösterin in Sachen Liebeskummer?

Ohhhh ja, auf jeden Fall!!!

Sie tröstet eigentlich nicht, aber sie muntert dich auf und hört dir zu, und das bedeutet mir persönlich viel mehr. Wer hat schon Lust, bei Liebeskummer bemitleidet zu werden? Keiner!

Sie baut einen auf und gibt einem wieder das Selbstbewusstsein, das man als Frau braucht, um wieder zu sich finden zu können!

Deshalb kann ich nur allen Mädels da draußen den Ratschlag geben, niemals einem Typ nachzujammern, denn wenn er der Richtige ist und euch verdient hat, dann kommt er sowieso wieder zu euch zurück — Lehrweisheiten von Frau Katzenberger!!!

9. Katze und Kater teilen sich das Katzenklo

oder
WIE KATZE UND KATER ZUSAMMENLEBEN OHNE SICH GEGENSEITIG UMZUBRINGEN

....

Der größte Liebesbeweis, den mir ein Mann machen kann, hat nichts mit Geld zu tun. Es geht weder um Juwelen noch um Uhren oder Autos, nicht um Klamotten oder Luxusurlaube. Nein, das größte Geschenk für mich ist, wenn er nicht ins Badezimmer kommt, während ich auf dem Pott sitze.

Das Bad ist ohnehin ein weit unterschätzter Ort in

Sachen Konfliktpotenzial. Es gibt nichts Intimeres und deshalb kaum Problematischeres, was die Benutzung angeht. Leider ist in den meisten deutschen Wohnungen nur eine kleine Nasszelle zu finden. Hier sind also Toleranz und Gönnen können gefragt. Ganz gleich wie nötig man muss!

Ich verstehe bis heute nicht, wie sich Paare das Bad teilen können. Wie sie auf dem Klo hocken und pullern kann, während er sich seine Nasenhaare kurz schneidet. Oder sie sich die Hornhaut unter den Füßen wegfeilt, während er sich auf der Stirn einen Pickel ausdrückt. Und kurz darauf gehen beide wieder ins Schlafzimmer und machen Liebe. Wie geht das denn?

Nein, das Badezimmer sollte ein ganz privater Bereich sein, fast so heilig wie das Tagebuch. Also bitte nicht stören! Kleine Geheimnisse erhalten die Freundschaft und vor allem die Leidenschaft.

Ich hab ja neulich gehört, dass Schnarchen ein Relikt aus der Steinzeit ist. Angeblich haben die Männer damals vor der Höhle gelegen und nachts vor sich hin gegrunzt, um mit dem Krach wilde Tiere abzuschrecken. Blöd nur, dass sich das bei manchen Männern bis heute gehalten hat – zum Beispiel bei einem Exfreund von mir. Nur dass der eben nicht vor der Höhle lag, sondern keine zwanzig Zentimeter von mir entfernt im Bett.

Eins kann ich euch aber sagen: So hält der keine wilden Tiere fern, sondern der macht erst eins aus mir – wenn der Kater schnarcht, wird die Katze zum Tiger!

Manchmal habe ich meinen Exfreund wachgeschüttelt, wenn es mir dann doch viel zu laut wurde. Dann sagte ich: »Spatzi, wie wäre es, wenn du auf den Balkon wechselst, vielleicht kommt da ja ein Mammut oder Säbelzahntiger vorbei, und du erfüllst einen guten Zweck mit deinem Geschnarche.« Und was hat er gemacht? Schlaftrunken wankte er von dannen – nicht alleine dafür, aber auch deshalb habe ich ihn richtig lieb gehabt.

Ich frage mich wirklich, warum die meisten Jungs das heute noch machen. Schnarchen ist doch wirklich für gar nichts gut – es vertreibt ja nicht mal Mücken oder Fliegen aus dem Schlafzimmer. Höchstens die eigene Frau. So gesehen müssten Schnarcher doch eigentlich längst ausgestorben sein, schließlich sind Männer, die schnarchen, bei den Frauen doch klar im Nachteil. Wahrscheinlich zeigt das aber eher, wie geduldig Frauen mit den Männern sind, die sie nun mal lieben.

Was ja auch oft ein schwieriges Thema ist in Beziehungen, sind die Verflossenen. Da muss man sehr vorsichtig sein, um keine schlafenden Hunde beziehungsweise Katzen zu wecken. Das fängt schon damit an, wie die

Männer über sie sprechen. Es gibt da nämlich ein bestimmtes Vokabular, das der Herzallerliebste niemals in Zusammenhang mit einer seinen Exfreundinnen erwähnen darf. Worte wie »unbeschreiblich«, »wunderschön«, »genial«, »toll« oder »der Wahnsinn« sind absolute No-Gos – es sei denn, der Satz geht ungefähr so weiter: »Deine Vorgängerin war einfach unbeschreiblich dämlich«, »So wunderschön wie du war noch keine meiner Freundinnen« oder »Genial, wie du meiner Exfreundin eine gescheuert hast, als ich euch vorgestellt habe.«

Mir ist es auch völlig wurscht, mit wem mein Freund vor mir was hatte – in meiner Anwesenheit möchte ich nichts von denen hören, erst recht keine Schwärmereien. Das ist doch blöde, eine neue tolle Frau auf seinem Schoß zu haben und der was von seinen anderen Tanten vorzuschwärmen. Das sollte sich wirklich keine Frau bieten lassen.

Dabei muss man sich doch nur eines merken und kann damit jeden Streit über Exfreundinnen ganz einfach vermeiden: Jede Ex ist hässlich und blöd. Das ist Gesetz. Genauso wie die Erde keine Scheibe ist und Seerosen nicht in der Wüste blühen, gibt es keine tollen Exfrauen. Na gut, abgesehen von einer, und das ist man natürlich immer selbst. Denn eins steht fest: So eine unglaubliche, wunderschöne, geniale, tolle Wahnsinns-Frau wird der Typ nie wieder haben. Aber daran müssen wir ja jetzt noch nicht denken, noch sind wir ja mit ihm zusammen.

Ein weiteres Schlachtfeld in Beziehungsfragen ist die Küche. Ich mache ja keinen Hehl daraus, dass ich was Kochen angeht ein Vollpfosten bin. Eine komplette Versagerin. Die Frau mit den zwei linken Händen. Quatsch, mit zwei amputierten Händen. Ich schaffe es sogar, Fischstäbchen zu versauen – das soll mir erst mal einer nachmachen.

Ehrlich gesagt pflege ich dieses Nichtkönnen aber auch. Für einen Mann einen Kochkurs belegen? Bestimmt nicht! Wozu? Dann habe ich ja kein Alibi mehr, wenn er jemals abends nach Hause kommen sollte und hungrig fragt: »Schaaatz, kannst du mir nicht bitte schnell 'ne Kleinigkeit kochen?!« Kleinigkeit? Das wäre dann ein dreimal in der Luft gewendetes Omelette mit frischen (am besten selbst gesammelten) Pilzen, oder was? Oder vielleicht mit viel Liebe geformte Frikadellen, wozu es dann auch noch gleich das selbstgestampfte Kartoffelpüree gäbe. Von wegen! Aber ich habe eine große Flyer-Sammlung von verschiedenen Restaurants mit Lieferservice, da ist bestimmt etwas dabei, und ich rufe auch gerne an und übernehme die Bestellung für meinen Liebsten.

Ich und Küche, dass passt genau so gut wie Vanille-soße auf Silvesterkarpfen. Wenn ich da meine Meinung jemals ändern sollte, dann höchstens für den Nachwuchs. Wenn ich mal Kinder habe, würde ich vielleicht doch noch das kleine Einmaleins der Küche lernen – zumindest würde ich ernsthaft darüber nachdenken. Ich kann mich nämlich noch zu gut daran erinnern, wie ich meine Kindheit nach der Schule mit diversen Tütensuppen verbracht habe. Nein, das wünscht man keinem Zwerg, der mittags müde und hungrig aus der Schule kommt und dann mutterseelenallein zwischen Rindfleischsuppe mit Buchstabennudeln oder Hühner-suppe mit Zahlennudeln oder Tomatensuppe ganz oh-ne Nudeln wählen darf. Meine Mama hat sich das zwar nicht ausgesucht, sie musste nun mal viel arbeiten und hatte keine Zeit, für uns Kinder mittags zu kochen, und ich bin dadurch immerhin schnell selbstständig geworden, aber das wünsche ich mir für meine Kinder schon anders.

Aber was Nachwuchs angeht, habe ich ja noch ein bisschen Zeit – von diesem Moment an noch mindestens zehn Monate, da ich beim Schreiben des Buchs garantiert nicht schwanger war. Insofern muss sich auch mein nächster Freund damit anfreunden (oder eher abfinden), dass ich ihm nie etwas Heißes zubereiten werde – zumindest nicht in der Küche ...

Wir müssen uns ja nichts vormachen: Irgendwann lässt die erste Verliebtheit nach. Das ist in jeder Beziehung so – leider. Manchmal dauert es drei bis vier Wochen, andere schaffen es drei Monate, ganz Glückliche retten dieses Gefühl für ein halbes Jahr in den Alltag rüber. Aber dann ... Dann sind sie weg, die Schmetterlinge, die eben noch Loopings in eurer Bauchhöhle flogen. Dann müsst ihr eure rosarote Brille immer öfter putzen, die eben noch alles im schönsten Licht erscheinen ließ.

Auf einmal ist er da, der hässliche Alltag. Da geht man wieder jeden Morgen duschen und läuft nicht mehr den ganzen Tag in seinem alten T-Shirt rum, um seinen Duft noch so lange wie möglich in der Nase zu halten.

Wer das aber schafft, den Übergang vom Ich-brauche-nur-dich-auf–der-Welt-und-sonst-gar-nichts hin zu Räum-deine-Socken-weg-auch-ich-habe-heute-gearbeitet, hat eine Tapferkeitsmedaille verdient. Herzlichen Glückwunsch!

Zu diesem Zeitpunkt geben nämlich viele auf. Das wird ihnen zu unbequem, zu arbeitsintensiv, zu unlustig. Ja, man muss richtig was dafür tun, wenn man seine Beziehung von der Verliebtheit in den Alltag überführen will. Und genau an diesem Punkt entscheidet sich, ob der Partner es wert ist.

Ich finde es traurig für all diejenigen, die noch nie so weit gekommen sind. Denn das Gefühl, das sich dann einstellt, also zu wissen, dass man jemanden an der Seite hat, der bereit ist, wirklich mit einem durch dick und dünn zu gehen, ist unbeschreiblich. Und vor allen Dingen nicht käuflich. Das muss man sich wirklich verdienen. Aber es ist cooler als jedes im Schlussverkauf ergatterte Paar Schuhe, intensiver als jeder Orgasmus und auch besser als eine erfolgreiche Diät. Stellt euch all diese Glücksgefühle doppelt und dreifach vor, dann habt ihr im Ungefähren eine Ahnung davon, was es heißt, wenn aus einer anfänglichen Verliebtheit echte große Liebe wird.

Die absolute Härteprobe für diese Liebe ist – neben dem Mama- und Freundinnen-TÜV – der erste gemeinsame Urlaub.

Ich habe mal mit einem Exfreund Urlaub auf La Réunion gemacht, und ich kann euch sagen, das war hart! Nach vier Tagen wollte ich zum ersten Mal abreisen. Deshalb sage ich immer, wessen Beziehung gesund und munter drei gemeinsame Urlaube überstanden hat, der darf ruhig den nächsten Schritt wagen: den vor den Traualtar. Den haut nämlich so leicht nichts mehr um.

Urlaub ist ja eigentlich nichts anderes als die arbeitslose Schwester vom Alltag. Und das heißt im schlimmsten Falle nichts anderes, als ständig, also rund um die Uhr, morgens, mittags, abends, gefühlte fünfundzwanzig Stunden aufeinanderzuhocken. Und dabei gar nicht so richtig zu wissen, was man jetzt tun kann. Ja, es gibt so was wie einen Urlaubskoller. Und wehe, er erwischt euch!

Es ist aber auch gemein, wenn man in der Werbung oder in Filmen immer diese tollen Bilder von glückseligen Pärchen sieht, die sich unter Palmen anstrahlen. Das ist doch die reinste Verarsche. Oder gibt es etwas Langweiligeres, als sich den ganzen Tag auf einer Liege zu fläzen, sich alle halbe Stunde mit der Sonne zu drehen, dann hin und wieder ins Meer zu watscheln, wo merkwürdige Fische ihre Kreise drehen und man aufpassen muss, dass die Haare nicht nass werden, weil sie sonst vom Salzwasser kaputtgehen? Danach wieder eincremen; wobei die wichtigste Entscheidung des Tages ist, ob wir jetzt Lichtschutzfaktor zwanzig oder doch lieber fünfzig auftragen. Habt ihr übrigens gewusst, dass es sogar Sonnencreme mit Lichtschutzfaktor 110 gibt? Manchmal frage ich mich, wie wir das früher überlebt haben, wo meine Mutter mich, wenn überhaupt, gerade mal mit Lichtschutzfaktor zehn eingeschmiert hat – gerne aber auch mit Tiroler Nussöl, damit das Kind noch schneller schokofarben wird.

Dann weiter im Programm: liegen, lesen – wenn's denn sein muss, strengt in der Hitze nämlich noch mehr an als sonst schon – und als Höhepunkt einen frisch gepressten Orangensaft mit kleinem Papierschirmchen obendrauf.

Bei all dem kriegt man von seinem Partner so gar nichts mit, weil der den ganzen Tag nur neben einem vor sich hindöst und nur zu einem zu gebrauchen ist, nämlich bei Bedarf den Rücken einzuschmieren. Dabei klappt noch nicht mal das immer unfallfrei, weil Männer die merkwürdige Angewohnheit haben, grundsätzlich zu viel Creme aus der Tube zu drücken. Und das sollen dann die schönsten Tage im Jahr sein.

Okay, zugegeben, zwei, drei Tage ist das ziemlich toll – aber doch nicht zwei Wochen! Das Problem ist nämlich, dass es einfach nichts zu tun gibt und es deshalb jede Menge Zeit gibt, sich über Dinge aufzuregen, die man im Alltag am Partner noch gar nicht entdeckt hat, geschweige denn, dass sie einen gestört hätten.

Aber ohne die Pflichttermine, als da wären Weckerklingeln, fertig machen für die Arbeit, danach schnell in den Supermarkt, Friseurtermin, Auto von der Werkstatt holen, Freunde im Kino treffen, mit dem Partner auf der Couch noch mal schnell den Tag Revue passieren lassen, Urlaubspläne schmieden (ja, Urlaub *planen* ist toll, schwierig wird es erst beim Urlaub *machen*) –

also ohne diese Taktung fehlt einem auf einmal das Gerüst, an dem man sich entlanghangelt.

Ja, ich weiß schon, das ist jammern auf ganz, ganz hohem Niveau. Es gibt natürlich schlimmere Plätze, sich zu streiten, als inmitten des Indischen Ozeans. Ich will damit ja auch nur sagen, dass Streit im Urlaub vorprogrammiert ist – ganz gleich ob auf Mallorca am Ballermann (da hat man durch die ganzen Partys allerdings noch recht viel Ablenkung) oder aber am Traumstrand von Thailand, wo es außer Sonnenauf- und untergang relativ wenig am einsamen Robinson-Crusoe-Strand-Abschnitt zu bestaunen gibt. Niemals, außer in dieser angeblich schönsten Zeit des Jahres, ist man so sehr auf seinen Partner angewiesen – und damit auch seinen Launen unterworfen. Und das geht nicht nur mir so, ich habe mich im Urlaub schon genau umgeschaut und mich gefragt: Wo sind sie denn jetzt, die glücklich strahlenden Pärchen unter Palmen? Das ist doch alles nur eine Werbelüge!

Jetzt habe ich mich mal so richtig in Rage geredet, liebe Reiseveranstalter. Nein, natürlich finde ich grundsätzlich Urlaub mit dem Liebsten wunderbar. Es muss auch gar nicht der Indische Ozean sein, an der Ostsee oder dem Lago Maggiore ist es auch wunderschön. Ich sage nur, mit dem ersten gemeinsamen Liebesurlaub ist es wie mit Grippetabletten: Man sollte unbedingt auf Risiken und Nebenwirkungen achten.

Aber selbstverständlich ist es klasse, wenn der Herzallerliebste stundenlang am Strand langläuft, um unter 800 Millionen Muscheln die garantiert allerschönste für uns zu finden. Wenn er sie uns dann in die Hand drückt, ist das viel schöner als gekaufter Schmuck. Wer so noch nie eine solche Muschel geschenkt bekommen hat, hat echt was verpasst im Leben. Wenn er extra für uns, um besonders sportlich und männlich zu wirken, sein Glück als Wakeboarder versucht und dabei mehr unter als über Wasser ist. Wenn er fast einen Herzkasper am Strand bekommt, weil er unser erstes Kreuzfahrtschiff, eine Luftmatratze für 4,95 Euro, aufbläst. Das sind Momente, in denen wir spüren, wie stark unser Herz für ihn schlägt.

Aber Vorsicht: Nicht alles, was einem im Urlaub am Partner so richtig schmeckt, ist auch daheim alltagstauglich. Das ist ein bisschen so wie mit diesem griechischen Wein, dem Retsina. Wenn man auf Kreta in einer Taverne am Hafen sitzt und aufs Meer guckt, ist er großartig. Aber wenn man so eine Flasche total begeistert mit nach Deutschland nimmt und auf dem Balkon daran nippt, schmeckt er zum Weglaufen.

Damit der gemeinsame Liebesurlaub gelingt, ist es wichtig, dass man nicht 24 Stunden ununterbrochen

Dos und Don'ts
IN DER BEZIEHUNG

Gemeinsame Unternehmungen sollten beiden Spaß machen. Und die Katze beim Fußball ist für niemanden eine Freude ...

Da mache ich es mir mit meinem Schatz, wenn ich denn einen habe, lieber zu Hause auf dem Sofa gemütlich ...

... und schaue mir einen guten Film an. Also einen, der lustig ...

... spannend, ...

... romantisch, ...

... rührend ...

... oder gruselig ist.

Hauptsache,
nicht langweilig!

Nichts ist romantischer, als zum
Geburtstag mit einer selbstgebackenen
Torte und einem kleinen
Geschenk überrascht
zu werden ...

... es sei denn,
das Geschenk ist
total unromantisch.

aufeinanderhängt. Das zwanghafte Jetzt-machen-wir-mal-alles-zusammen kann schnell nervig werden. Viel besser ist es, wenn man die gemeinsamen Tage entspannt angeht und sich nicht so viel Druck macht. Man kann doch ruhig mal alleine shoppen gehen, während er auf der Liege döst, das ist doch super. Er kann im Urlaub auch Fußball gucken, und ihr genießt in der Zeit eine Runde Wellness – ist doch fantastisch. Eine ausgedehnte Siesta halten, wenn er unbedingt eine Angeltour machen will – warum denn nicht? Glaubt mir: Ihr könnt auch euren Traummann nicht rund um die Uhr lieben, sonst habt ihr keine Zeit, euch selbst zu lieben.

Die schwierigste Belastungsprobe ist schlechtes Wetter. Nirgendwo auf der Welt sind Regen und Kälte so ätzend wie im Urlaub – vor allem, wenn man in irgendeinem Strandhotel hockt. Das zerrt unfassbar an den Nerven. Ich kannte sogar mal ein Pärchen, das sich getrennt hat, weil sie sich im Urlaub gegenseitig vorgeworfen haben, am schlechten Wetter schuld zu sein. Nach dem Motto: Wer von uns wollte denn an die Nordsee? Weiß doch jeder, dass man sich da nicht auf das Wetter verlassen kann! Ich wollte nach Mallorca! Aber nein, du wolltest nach Holland, und dann noch im Juni, wo Schafskälte ist ...

Fest steht jedenfalls: Wer sich in einem zweiwöchigen Liebesurlaub nicht ein einziges Mal richtig gestritten hat, der kann sich was drauf einbilden. Streit gibt es schließlich in jeder Beziehung — und nicht erst, wenn man verheiratet ist. Streit an sich ist ja nichts Schlechtes, es kommt einfach nur darauf an, wie man damit umgeht. Dass am Ende sowieso der Mann nachgeben muss, brauche ich hier ja nicht extra zu betonen ...

Ich habe mich jedenfalls, wie schon erwähnt, mit einem Exfreund in unserem ersten Urlaub so heftig gestritten, dass ich am liebsten in den nächsten Flieger gestiegen wäre. Und da haben wir das nächste Problem mit dem Urlaub an den schönen und exotischen Plätzen dieser Welt — man kommt da nämlich spontan gar nicht weg.

So ein Charterflug ist gar nicht so einfach umzubuchen, denn meistens sind die Flieger pickepackevoll oder das Umbuchen so teuer, dass man dafür glatt noch mal zwei Wochen verreisen könnte. Ich war also wild entschlossen, scheiterte aber am nicht vorhandenen freien Platz. Doch aufgeschoben ist nicht aufgehoben. Kaum waren wir zurück in Frankfurt, machte ich noch im Flughafenterminal auf dem Absatz kehrt und erklärte meinem verdutzten Partner, dass wir ab sofort getrennte Wege gehen: Ich könne mir zwar nicht vorstellen, ohne ihn zu leben — aber ich wolle es ab heute einfach mal versuchen! Er hat geguckt, als wäre gerade ein Vierzigtonner über ihn hinweggerollt, aber eine wildgewordene Katze lässt sich eben nicht aufhalten.

Drei Monate hat die Pause dann gedauert. Ich war schon ein bisschen stolz auf mich, dass ich das durchgehalten habe. In dieser Zeit habe ich Titanic bis zum Erbrechen geguckt, das ist nämlich meine absolute Trost-Lieblingsschnulze. Und während ich da so auf meinen Sofa lag und Kate Winslet und Leonardo DiCaprio beim Liebemachen im Auto zuschaute (ich habe bis heute die leise Hoffnung, dass dieses wunderschöne Diamantcollier, das »Herz des Ozeans«, irgendwann wieder aus den Tiefen des Meeres auftaucht, wäre doch Sünde sonst!), ließ mein damaliger Freund, den ich zu dem Zeitpunkt aber schon als Ex bezeichnete, nicht locker. Und zwar auf eine Art und Weise, von der ich sagen muss: Respekt!

Es ist ja auch nicht einfach mit uns Frauen. Wir sagen manchmal Nein, obwohl wir es gar nicht so richtig meinen. Ein »Nein« kann so viele verschiedene Nuancen haben und von »Nein, auf gar keinen Fall, nur über meine Leiche« über »Na ja, vielleicht, schauen wir mal« bis zu »Aber natürlich will ich, ich trau mich nur nicht, das zu sagen« alles bedeuten. Die große Kunst, die der Mann beherrschen muss, liegt nun darin, genau das zu begreifen und zu verstehen, wann frau was meint.

Ich sage nur, der Ton macht die Musik. Aber da liegt eben das Problem, denn genau das, diese leisen Zwischentöne, können die meisten Männer nicht verstehen. Da hatte ich mit meinem ganz schönes Glück gehabt. Obwohl ich Nein gesagt und ihm erklärt habe, dass unsere Beziehung keine Chance mehr hätte und ich jetzt mein Leben ab sofort ohne ihn an meiner Seite bestreiten würde, hörte er ein: Na ja, vielleicht sollten wir es doch noch mal versuchen, ist jetzt gerade blöd gelaufen, aber noch ist nicht das Ende aller Tage.

Dann hat er genau richtig reagiert. Denn wenn er jetzt zu sehr genervt hätte und mir ständig hinterhergelaufen wäre, wäre das auch wieder falsch gewesen. Dann hätte er sich uninteressant gemacht, ein Liebeskasper eben. Aber mich an einer gaaaanz langen Leine laufen zu lassen, den Kontakt nicht komplett abzubrechen, sondern sich hin und wieder in Erinnerung zu bringen, damit hat er alles genau richtig gemacht. Dass es dann irgendwann später doch wieder in die Brüche gegangen ist, ändert daran gar nichts.

Wenn ich das so schreibe und überlege, was wir eigentlich für Ansprüche an die armen Kerle haben, kann ich nur sagen: Glück gehabt, dass wir Frauen sind. Mann sein ist ganz schön anstrengend! Dafür müssen sie keine Kinder kriegen und sich nicht die Beine rasieren. Das Leben ist hart, aber gerecht.

Ein Mann in Danielas Leben erzählt

Selbstwahrnehmung und Fremdwahrnehmung sind zwei so verschiedene Sachen wie meine echte und meine künstliche Haarfarbe. Das eine hat also so gar nichts mit dem anderen zu tun. Und da ich ja sowieso meistens – quatsch, eigentlich immer – recht habe, ist es bei mir besonders schwierig, mich von meiner Meinung beziehungsweise Besserwisserei abzubringen.

Da braucht es schon mal jemanden, der mir kräftig vors Schienbein tritt und es dann auch ertragen kann, wenn ich mindestens zwei Stunden kein Wort mehr mit ihm rede – viel länger halte ich Schnattermäulchen es leider selbst nicht aus.

Sven ist so einer. Der knallt mir einfach mal eine vor den Latz, wenn er meint, dass ich total austicke – und ist dann noch nicht mal ansatzweise sauer, wenn ich schmolle. Ganz im Gegenteil, ich glaube, er genießt es sogar, wenn ich eine Weile nicht mit ihm rede. Hm, da muss ich dringend meine Strafmaßnahmen ihm gegenüber neu bedenken!

Der Sven ist mein Redakteur bei *Natürlich blond!*. Er weicht mir seit fünf Jahren nicht von der Seite, kennt mich an guten und an schlechten Tagen, schwerstverliebt oder todtraurig, mit Schmetterlingen im Bauch und von der ganzen Welt genervt. Der braucht mir nur einmal morgens in meine ungeschminkten Augen zu gucken und weiß sofort, was los ist.

Aber soll er doch selbst mal sagen, wie das mit mir so ist, der liebe Sven. Deshalb habe ich ihn einfach mal interviewen lassen. Seine Antworten sind nicht alle nach meinem Geschmack, aber ausnahmsweise lasse ich bei einem Mann mal ein paar kritische Töne zu ...

Holt Daniela sich manchmal in Sachen Liebe Beziehungsrat von dir?

Selten. Ich bin nicht unbedingt derjenige, an den sich Daniela wendet, wenn sie Liebeskummer hat oder nicht weiterweiß. Aber es kommt vor, dass sie eine Einschätzung haben möchte, weil ich ein Kerl bin und sie die männliche Sicht der Dinge verstehen möchte. Dann helfe ich natürlich gerne.

Was würde dich als Danielas Freund am meisten an ihr nerven?

(Fast) alles! Daniela verbringt neunzig Prozent ihres Tages mit Spiegeln. Und Spiegel findet sie überall: in Fensterscheiben, im Besteck oder auf ihrem iPhone.
Davon können sie auch keine Skyline der Welt, kein Sonnenuntergang und kein weißer Löwe in Afrika abbringen — ihr Spiegelbild hat Vorrang. Das würde

mich zur Weißglut bringen. Außerdem ist ihr Schmink-
fetisch gar nicht mein Ding. Abgesehen davon, dass
es zeitraubend ist, bräuchte sie sich gar nicht so zuzu-
kleistern, weil sie ein wunderschönes Gesicht hat und –
womit ich sie sehr gerne ärger – eine tolle Naturhaarfarbe. Natürlich brünett!

Zudem ist Daniela eine Zicke, wie sie im Buche
steht. Dafür braucht man schon als Redakteur Nerven
aus Stahl, als Freund wäre es purer Masochismus.
Diese Launen kann kein Mann der Welt bändigen!

Wofür liebst du Daniela ganz besonders?
Daniela hat einen sehr feinen Sinn für Humor. Mit
ihr kann man viel lachen – vom Rumblödeln bis zum
ausgeprägten Sarkasmus. Und sie hat eine Vorliebe für
thailändisches Essen, was mir bei Dreharbeiten immer
zugutekommt.

**Hast du dich schon mal als Kuppler versucht
und ausprobiert, Daniela mit einem deiner
Freunde zusammenzubringen?**
Ich werde mich hüten, Daniela zu verkuppeln. Erstens
bin ich ihr Redakteur, und dann unterstellt sie mir im
Zweifelsfall noch, ich wolle nur eine »Story«. Zweitens
würde sie mich nachher verantwortlich machen, falls
der Traumprinz sich als Nullnummer entpuppt.

Was für einen Mann braucht Daniela deiner Meinung nach – einen aufgeblasenen Macho, einen Beschützer mit breitem Kreuz oder einfach jemanden, der komplett nach ihrer Pfeife tanzt?

Daniela braucht einen Macho, der sie beschützt und nach ihrer Pfeife tanzt – das »Rundum-Sorglos-Paket« also, das man auf dem Markt der Liebe wohl schwer findet.

Wenn ein Mann zu sehr nach ihrer Pfeife tanzt, verliert Daniela binnen weniger Sekunden das Interesse. Umso mehr reizen sie die schwer zu zähmenden Männer mit großem Ego, einem unerschütterlichen Selbstbewusstsein und der richtigen Portion Coolness. Doch genau diese tough guys möchte Daniela dann bändigen, bis sie – im Erfolgsfall – wieder das Interesse verliert. Ein Teufelskreis!

Ist deine Freundin manchmal eifersüchtig auf die Katze, weil du so viel Zeit mit ihr verbringst?

Nein, meine Freundin ist kein Stück eifersüchtig. Sie kennt Daniela auch bereits seit fast fünf Jahren und weiß, dass man Daniela und mich nackt aneinander fesseln könnte und es würde nichts passieren. Außer vielleicht, dass wir uns gegenseitig die Haare ausreißen ...

10. Die Katze und das Fremdgeh-Gen

oder

**WARUM MÄNNER
ALLES LERNEN
AUSSER TREUE**

. . . .

Jetzt nehmen wir mal an, ihr habt alle meine Ratschläge befolgt und seid jetzt in – mehr oder minder –
festen Händen. Dann sage ich erst mal: Gratulation!
Gut gemacht! Und lobe mich auch gleich ein bisschen
selbst, denn so schlecht können sie dann ja nicht gewesen sein, meine Tipps.

Nun lebt ihr also schon ein paar Tage oder Wochen

oder gar Monate glücklich mit dem neuen Typen an eurer Seite vor euch hin. Es gibt schon gewisse Traditionen und Täglich-grüßt-das-Murmeltier-Rituale. Das kann der Guten-Morgen-Schmatzer auf die linke Pobacke sein, aber auch der mit Liebe gemachte Cappuccino ans Bett mit extra Zuckerstreuseln obendrauf oder der allmorgendliche Streit, warum er die Klobrille schon wieder nicht runtergeklappt hat, und wer heute mit Müllrausbringen dran ist.

Wie auch immer, ihr seid also eigentlich ein ganz tolles Team, und wenn man euch jetzt, in diesem Moment, fragen würde, ob ihr bis ans Ende eurer Tage — und das sind noch eine ganze Menge — zusammenbleiben wollt, ihr würdet beide im Chor mit Ja antworten. Ihr seid ja schließlich frisch und schwerstens verliebt, und keiner ist so toll wie der Mann an eurer Seite.

Keiner? Niemand? Nobody? Ganz sicher?

Na ja, Ausnahmen bestätigen bekanntlich die Regel. Und wenn ihr ganz, ganz ehrlich seid — der Typ da gestern im Café, der, der ständig rübergeguckt und so süß gelacht hat, der hatte auch schon was. Ganz anders als der derzeitige Prinzgemahl, aber so ein bisschen dran knabbern würdet ihr schon gerne mal. Nicht festbeißen, nur ein kleines Stückchen probieren — so ein ganz kleines bisschen.

Und auch der neue Kollege in eurer Abteilung legt sich immer mächtig ins Zeug, wenn er an eurem Büro vorbeigeht. Ein Kompliment besser als das andere – wann gab es das eigentlich zum letzten Mal vom eigenen Freund? Denk, denk, denk – nee, keine Ahnung, zu lange her.

Aber wie sagte der göttliche Paul Newman doch so schön: Appetit holt man sich draußen, aber gegessen wird zu Hause! Nun, wir sind ja gut erzogen und halten uns an die Spielregeln – meistens zumindest ...

Was aber noch lange nicht heißt, dass sich alle an die Regeln halten. Und aus meiner langjährigen Erfahrung kann ich euch sagen: am wenigsten die Jungs. Irgendwie hat denen nie einer das Spiel richtig erklärt – oder sie sind schlichtweg zu dusselig dafür. Das Spiel heißt Treue, und die meisten Männer sind da leider echte Nieten drin. Schade!

Dafür sind sie umso besser in Sachen Seitensprung. Das muss irgendwie in den Genen liegen. So wie sie besser Auto fahren und Fußball spielen können – ich kann ja beides nicht –, haben sie das Fremdgehen irgendwie zur Sportart auserkoren, wobei es nicht um höher, schneller, weiter geht, sondern um mehr, mehr, mehr. Also: je öfter desto besser!

Nun soll man Kinder, Tiere und auch etwas ältere

(also geschlechtsreife) Jungs ja hin und wieder spielen lassen. Manchmal müssen die sich eben ein bisschen austoben. Und wenn die sich total verausgabt haben, sind sie auch wieder ganz verschmust und kuschelig und wollen mit hängender Zunge nur noch nach Hause und gestreichelt werden. Das soll jetzt natürlich kein Freifahrtschein für den Mann an unserer Seite sein. Allerdings darf ein bisschen Geflirte auch nicht gleich unter Todesstrafe gestellt werden, womit ich natürlich nichts anderes meine als Liebes- und Schlüsselentzug (inklusive Pappkarton mit seinen Klamotten vor der verschlossenen Tür).

Lasst uns also versuchen, die Erwartungen in Sache Treue ein wenig geradezurücken! Das ist schwierig, insbesondere, weil jeder da eine sehr persönliche Einstellung hat. Ich kenne Frauen, die überhaupt kein Problem damit haben, wenn ihr Typ auswärts ein bisschen »rummacht«, solange er immer wieder an den heimischen Herd zurückkehrt, am besten mit Entschuldigungsgeschenken und den üblichen Ich-tu-es-nie-wieder-Beschwörungen, nur um wenig später wieder auf die Pirsch zu gehen. Die sagen sich, lieber so einen Typen – und zwar einen ziemlich geilen, sonst würde er ja nicht ständig bei anderen Frauen landen – als gar keinen. Vielleicht denken die sogar: Gut, dass er sich woanders austobt, denn dann muss ich nicht so oft ran.

Na ja, jeder wie er denkt, aber meins ist das nicht.

Andererseits würde es mich auch ein bisschen stutzig machen, wenn mein Schatz keiner anderen Frau mehr hinterhergucken würde. Hoffentlich hat er keinen grauen oder grünen Star! Denn wenn seine Augen noch in Ordnung sind, muss er doch dieses scharfe Geschoss, das eben an unserem Tisch vorbeigewackelt ist, mit einem Hüftschwung, der Shakira wie eine alte Frau mit künstlichem Gelenk aussehen lässt, gesehen haben. Los, schau hin – und freu dich dann, dass so eine tolle Frau wie ich, die dir deswegen nicht gleich eine Szene macht, mit dir nach Hause geht.

Wir fragen doch selbst oft genug: Wie findest du die oder die? Natürlich wollen wir hören, dass keine so gut ist wie wir. Aber trotzdem stoßen wir den Mann an unserer Seite doch mit der Nase drauf. Die große Blonde mit dem kurzen Rock und den Hammerbeinen. Die scharfe Brünette mit dem Mega-Dekolleté. Dieses super sexy Model, an der einfach alles perfekt zu sein scheint. Los, sag, wie du sie findest! Und vergiss auf keinen Fall das »aber« ...

Das ist es nämlich, was wir hören wollen. Ja, Hammerbeine, aber die Nase geht gar nicht! Mega-Dekolleté,

stimmt – aber um die Hüfte rum? Geht gar nicht! Super-Model? Mag ja sein, aber hast du diese komische Lache gehört? Ja, ja, ja – das wollen wir hören. Wir sind das einzige Gesamtkunstwerk, das er wirklich perfekt finden soll. Wir sind die, die bei einer Versteigerung bei Sotheby's die 120-Millionen-Rekordmarke knacken würden. Und wir wollen es hören. Jetzt, hier und immer wieder. Denn nur über den direkten Vergleich können wir unseren Marktwert checken. Das ist ein bisschen wie auf dem Immobilien- oder Gebrauchtwagenmarkt – nur wer sich immer wieder umschaut und vergleicht, der weiß, was wie viel wert ist. Und der weiß auch, was er hat.

Aber was tun, wenn der Mann sich nicht an die Regeln hält und einen Schritt weiter geht? Nach dem Gucken auch Kontakt aufnimmt? Das Mega-Dekolleté auf einmal anspricht? Seine Forschung weiter fortführt? Testen will, ob sie wirklich vollschlank um die Hüfte ist oder aber nur einen schlecht sitzenden Rock trägt? Wenn er auf Tuchfühlung geht, sich bei der anderen von seiner besten Seite zeigt, die wir zum letzten Mal an dem Abend gesehen haben, als er es endlich geschafft hat, uns in sein Bett zu schleppen – und wir gerne gefolgt sind? Tja, was dann?

Wie heißt es noch – einmal ist keinmal? Und wenn

das erste Mal gar nicht zählt, dann ist das zweite Mal erst das richtige erste Mal? Also darf ich so richtig böse erst beim dritten Mal werden? Nee, in Mathe war ich immer schlecht, und das ist eine Rechnung, die mir überhaupt nicht passt. Bei mir gilt die Null-Toleranz-Regel! Du sollst keine anderen Frauen haben neben mir! Auch nicht über dir und unter dir! Keine Diskussion! Punkt, Absatz, Ende!

Nun ist es Zeit, ein für alle Mal mit einem der größten Irrtümer der Menschheitsgeschichte aufzuräumen: Männer und Frauen können nicht miteinander befreundet sein. Entweder man ist zusammen, hat also Sex, oder man hat keinen, also Sex, und ist nicht zusammen. Das sind die beiden Möglichkeiten des Miteinanderlebens, was Frauen und Männer angeht.

Und kommt mir ja nicht mit: »Aber mein aller-, allerbester Freund ist doch ein Mann«. Mag sein, dass er ein Mann ist, aber sicher nicht euer allerallerbester Freund. Und wenn ja, dann ist er schwul. Ist ja kein Problem, aber Hetero kann er nicht sein, wenn er euch versteht, mit euch lacht und euch tröstet – ohne mehr zu wollen. Dann muss schon ein bisschen Mädchen in ihm drin stecken.

Klar träumt jede von uns davon: einen gutaussehenden Mann an der Seite haben, der immer da ist, wenn man ihn braucht, aber auch nicht beleidigt ist, wenn man mal keine Zeit für ihn hat. Der sofort den Platz räumt, sobald ein Typ auf der Bildfläche erscheint, den man zeitweise (sexuell) attraktiver findet, um genau dann wieder an Ort und Stelle zu sein, wenn man ihn am nötigsten braucht. Der ideale Mann eben – nur ohne Sex und deshalb auch ohne Liebeskummer.

Ein Freund, auf den man stolz ist. Der nie beleidigt oder eifersüchtig ist, der nichts fordert und nur von Herzen gibt. Hallo, aufwachen! So was gibt es zwischen Männern und Frauen nur, wenn mindestens einer von beiden homosexuell ist. Wenn euch also euer Freund erzählt, er will sich mit seiner alten Schulfreundin nur treffen, weil die so nett ist und ihn immer in Mathe hat abschreiben lassen, dann ist das Unsinn!

Beste Freundin und bester Freund, das ist ein Widerspruch in sich. Das liegt doch schon in der Natur des Menschen. Er hat einen Schwanz, ich habe eine Schnecke. Das sind die Tatsachen. Die beiden Dinge sind füreinander gemacht, passen wie Sahne zum Apfelkuchen, die Nuss zum Eichhörnchen und die High Heels zur Katzenberger.

Aber ich nehme an, ihr ahnt es schon: Natürlich gibt es auch bei der Null-Toleranz-Regel eine Ausnahme!

Und diese Ausnahme bin ich. Soll heißen: Was für den Mann an meiner Seite gilt, gilt für mich noch lange nicht. Ist doch wohl logisch, oder? Denn bei mir ist das natürlich was gaaaaanz anderes; wenn ich zum Beispiel mal mit einem meiner Exfreunde ausgehen und in alten Zeiten schwelgen will.

Um es nochmal ganz ungeschminkt zu sagen: Wehe dem Mann an meiner Seite, der sich traut, sein Telefon auch nur in die Hand zu nehmen, wenn eine Ex versucht, ihn zu erreichen. Da soll er das Handy schön bis zum Sankt-Nimmerleins-Tag bimmeln lassen! Aber warum sollte ich darauf verzichten, einen Typen zu treffen, mit dem ich vor langer Zeit mal richtig Spaß hatte. Der Spaß hat zwar irgendwann aufgehört, sonst hätten sich unsere Wege nicht getrennt, aber irgendwas muss der Typ ja mal gehabt haben. Und was genau das war, das kann ich schnell wieder herausfinden.

Aber hätte mein Freund dann keinen Grund zur Eifersucht? Iwo! Was kann meinem aktuellen Schatz denn Besseres passieren, als dass ich nach einem hoffentlich lustigen Abend mit einem meiner nicht allzu zahlreichen Exfreunde nach Hause komme und feststelle, dass ich doch den besten aller Männer daheim auf der Couch sitzen habe? Wann sonst werde ich ihn so leidenschaftlich und stolz küssen, im vollen Bewusstsein, alles richtig gemacht zu haben? Den Exfreund also mit Recht zum Ex gemacht zu haben und den derzeitigen Mann als den einzig wahren in mein Leben gelassen zu haben.

Also Mädels, macht, was ihr möchtet, lasst euch nichts verbieten. Trefft euch, mit wem ihr wollt, wann ihr wollt, wo ihr wollt. Jeder gute Mann mit einem gesunden Selbstbewusstsein hat damit kein Problem. Und wenn er doch eins hat, ist er eben kein guter, also weg damit. Gute Männer haben prinzipiell keine Probleme. Sie haben Lösungen!

Wo wir gerade beim Thema Probleme (und Lösungen) angekommen sind: Es soll ja gelegentlich auch Frauen passieren, die in einer festen Beziehung stecken, dass sie sich auf ein Auswärtsspiel einlassen. Männer (jedenfalls die sportbegeisterten, und das sind ja fast alle) mögen diesen Begriff, weil er so schön verharmlost, was alles andere als harmlos ist: die Untreue, das Fremdgehen, den Seitensprung.

Lasst uns kurz über das reden, über das man eigentlich nicht spricht, weil es gar nicht existieren sollte. Das ist so ein bisschen wie mit Hämorrhoiden. Jeder weiß, dass es die gibt, aber keiner will was damit zu tun haben. Verständlicherweise. Allerdings ist der Seitensprung garantiert das kleinere Übel – zumindest wenn wir Mädels und nicht einer der Kerle ihn gemacht haben.

Es ist ja nicht so, als ob wir nicht wüssten, dass Fremdgehen prinzipiell scheiße ist, auch ohne sämtliche Gebote zu kennen – und insbesondere natürlich das sechste, also: »Du sollst nicht ehebrechen«, schließlich haben wir so etwas wie Erziehung und Anstand. Ja, es gehört sich nicht. Nein, es ist gar nicht fein. Und vor allem: Wenn es rauskommt, kommen wir damit in Teufels Küche. Ich weiß, ich weiß: »Du sollst nicht lügen« – wo wir schon mal bei den Geboten sind, schließlich habe ich auch mal aufgepasst, damals im Kommunionsunterricht. Und trotzdem: Manchmal kann es einfach passieren.

Aber von vorn: So ein Seitensprung ist natürlich total unvernünftig, nicht erklärbar und schon gar nicht entschuldbar! Eine Kurzschlussreaktion – aber eben so elektrisierend, dass es nur noch Zoom macht und Groß- und Kleinhirn sich zur selben Zeit verabschieden, sodass das Denken (wenn man es denn überhaupt noch so nennen kann) ausschließlich in die körpereigenen erogenen Zonen rutscht. Man tut, was man nicht hätte tun sollen, einfach weil man von einem Strudel aus Gefühlen mitgerissen wurde.

Das Blöde ist nur: Irgendwann melden sich Groß- und Kleinhirn aus dem Streik zurück. Huhu, wir sind wieder hier. Und, jetzt kommt's: Wir haben nachgedacht! Dabei sind wir zu dem Ergebnis gekommen, dass das, was du letzte Nacht getan hast, so gar nicht in Ordnung war. Das ist deinem Partner gegenüber total unfair, das hat er wirklich nicht verdient. Dabei liebst du ihn doch …

SCHNAUZE! KLAPPE! RUHE! Ich will das jetzt nicht hören. Wo wart ihr denn gestern, als ich euch gebraucht habe? Als noch die Möglichkeit bestand, Nein zu sagen. Als ich noch an seiner Türschwelle stand und kurz, na gut, vielleicht war es nur eine Sekunde, aber immerhin, ich also kurz zögerte – um sie dann mit einem Riesenschritt zu überqueren und ohne Umweg ins Schlafzimmer stürmte. Wo wart ihr da, wenn man euch mal wirklich braucht? Wieso hat mich mein Verstand gestern nicht gewarnt? Ja, jetzt, wenn es eh zu spät und schon alles passiert ist, da kommt ihr raus und beschwert euch!

Nachher ist man immer schlauer. Und nun?

Mein Tipp: schweigen. Sagt nichts. Auf keinen Fall beichten. Auf gar keinen Fall! Verstanden? Es gibt Momente, da ist auch das achte Gebot »Du sollst nicht lügen« außer Kraft gesetzt. Da greift dann eine Art Notstandsgesetz, denn besondere Situationen erfordern eben besondere Maßnahmen. Obwohl, ihr sollt ja nicht mal lügen! Höchstens ein bisschen flunkern, falls ihr gefragt werdet, wo ihr wann mit wem gewesen seid. Natürlich habt ihr euch gestern mit der allerbesten Freundin in der angesagtesten Bar der Stadt amüsiert und gar nicht gemerkt, wie die Zeit vergangen ist – »'tschuldige, Schatz«, und noch schnell ein treudoofer, unschuldiger Blick hinterher.

Es ist wirklich für alle Beteiligten das Beste, nichts zu verraten. Ihr müsst euch das nur mal in vertauschten Rollen vorstellen: Was würdet ihr denn sagen, wenn euer Liebster vor euch säße, sich kurz räuspert und dann herausdruckst: »Schatz, ich muss dir mal was sagen. Also gestern, ich weiß echt nicht wie das passieren konnte, aber ...«, um dann mit einem »aber ich verspreche dir, das passiert nie wieder und ich liebe nur dich!« zu enden.

Na, was würdet ihr da denken? Genau: Will der mich verarschen? Und warum sollte es andersrum besser sein? Eben! Deshalb einfach die Aussage verweigern und hoffen, dass es keiner merkt.

Trotzdem solltet ihr euch aber ganz fest vornehmen, dass so etwas wirklich nie wieder vorkommt, denn zu viele Geheimnisse machen eine Beziehung ganz sicher kaputt.

So, jetzt könnt ihr noch kurz ein schlechtes Gewissen haben – aber nicht übertreiben, zwischen vier und sechs Tagen reicht –, danach geht das Leben weiter.

Und vergesst nicht, noch mal ein ernstes Wörtchen mit eurem Groß- und Kleinhirn zu reden und mit Nachdruck zu drohen, dass es beim nächsten Versagen echt Ärger gibt!

11. Die Katze fährt die Krallen aus

oder

WER ZUERST SCHREIT, SCHREIT AM BESTEN

Wenn es bei mir zu Hause Streit gibt, dann könnt ihr darauf wetten, dass er von mir ausgeht. Ich bin nämlich ganz groß im Streit anzetteln. Da muss der arme Kerl nur seine Jeans rumliegen lassen – zack, boom, bang, kann ich schon auf der Palme sein.

Wehe, es läuft nicht alles nach meiner Schnauze! Dann aber schnell in Deckung! So schnell können die

meisten gar nicht gucken, wie ich auf 180 bin. Und dann geht's los, das Gezeter und Gepolter. Ganz gleich, ob ich recht habe oder nicht – wer will das denn auch wissen? Wenn es beim Streiten nur darum ginge, wer recht hat, könnte man es auch gleich bleiben lassen und in Ruhe miteinander sprechen ...

Und wenn ich mit dem ersten Knall fertig bin, kann ich auch danach noch ganz wunderbar meinen Dickkopf pflegen. Denn nach so einem Ausbruch entschuldige ich mich grundsätzlich nicht. Niemals! Da kann kommen, was wolle. Und wenn ich drei Tage nicht mehr mit meinem Opfer rede – und glaubt mir, ich habe das auch schon länger geschafft, das mit dem Nicht-Reden. Obwohl das ehrlich gesagt die größere Strafe für mich ist, aber das muss ja niemand wissen.

Nein, da muss schon der Mann kommen und den Streit schlichten, am besten auf allen vieren, denn schließlich hat *er* mich erst zur Weißglut getrieben. Es war doch seine Jeans, die mir im Weg lag. Wo kommen wir denn hin, wenn ich mich da auch noch entschuldigen müsste?

Das Schlimme am Streit ist ja, dass er, also der Typ, mich zwar ganz genau hört, aber nicht versteht. Da kann ich ihm noch so oft erklären – na gut, es ist eher ein Anbrüllen als ein Erklären – warum ich gerade austicke, er guckt mich nur an wie ein angefahrenes

Eichhörnchen. Manchmal habe ich das Gefühl, dass er einfach auf Durchzug stellt, und das kann ich ehrlich gesagt sogar verstehen, wo ich doch so wild rumbrülle, aber das macht mich in dem Moment nur noch rasender. Ich kann bei Streitereien eben einfach nicht aus meiner Haut. Ich bin dann so aufgeregt und wütend, dass ich einfach nicht vernünftig denken kann. Das fällt mir ja im Normalzustand schon schwer, aber eben erst recht, wenn ich sauer bin. Am einfachsten ist es darum, wenn mir ein Mann in solchen Momenten einfach nur recht gibt und tut, was ich will, dann vertragen wir uns am schnellsten wieder – und das ist ja für alle Beteiligten das Beste, oder?

Aber stellt euch mal vor, wir würden niemals streiten. Also wir täten so, als ob wir beide Englein wären, und würden nie auch nur ein schlechtes Ding über den anderen denken, geschweige denn aussprechen. Dann würden wir uns irgendwann bestimmt zu Tode langweilen. Will man das? Nein.

Zwei Teufel sind allerdings definitiv einer zu viel. Die Gleichung, dass minus mal minus plus ergibt, stimmt irgendwie nicht. Jedenfalls nicht in einer Partnerschaft. Ich finde, dass einer reicht, der dem anderen die Hölle heiß macht. Und da muss ich zugeben, dass ich wirklich der geborene Teufel bin, deshalb brauche ich auch ganz dringend einen Engelchen-Freund, der das aushält, sonst würde das niemals klappen. Ich finde aber auch, keinem steht die Teufelchenrolle so gut wie mir!

Ich explodiere einfach unheimlich schnell, zum Bei-spiel wenn man mich nicht ausreden lässt. Das ist doch auch ein Unding! Da will ich was erzählen, und der Kerl fällt mir einfach ins Wort. Zugegeben, manchmal hole ich ein bisschen weit aus, und kurz und knapp ist, abgesehen von meinen Klamotten, nicht unbedingt meine Stärke. Aber so viel Zeit wird er doch wohl noch für mich haben, dass ich in Ruhe zu Ende erzählen darf, wir sind doch nicht auf der Flucht!

Rasend macht es mich auch, wenn mich einer nach-äfft. Das ist insofern komisch, als ich einer der größten Nachäffer überhaupt bin. Ich bin sogar richtig gut darin. Aber wehe, einer macht mich nach und sich über irgend-was von mir lustig. Alarm – da kann ich nur jedem emp-fehlen, schnellstmöglich in Deckung zu gehen, denn die Katze setzt gleich zum Sprung mit gezückten Krallen an!

Ich glaube, ich mache mir so manches im Leben selbst schwer, weil ich keine Kompromisse akzeptiere. »Ent-weder oder« ist mein Lebensmotto – und zwar ohne Ausnahme (sonst wäre es ja schon wieder eine Art Kompromiss). Das ist leider ziemlich anstrengend, weil der Weg des geringsten — oder zumindest des geringeren — Widerstandes weitaus angenehmer wäre. Aber ich suche es mir ja selber aus, keiner zwingt mich, immer nur Ja oder Nein, aber nie »Okay, ein bisschen« zu sagen. Ich bevorzuge nun mal Schwarz oder Weiß und mag kein Grau — egal in welcher Schattierung.

Friss oder stirb, dazwischen gibt es für mich nichts. Das heißt, wenn mein Freud sagt, dass er meinen neuen Minirock nicht mag, weil er ihm womöglich zu kurz ist, dann ziehe ich ihn eben aus — und bleibe zu Hause. Soll er doch sehen, mit wem er jetzt den Abend verbringt. Mit mir nicht! Das hätte er sich früher überlegen müssen, bevor er meine Klamotten schlechtgeredet hat.

Natürlich wäre uns allen geholfen, wenn ich einfach etwas anderes angezogen hätte. Ist ja nicht so, als ob mein Kleiderschrank nicht voll wäre, und wahrscheinlich wäre es — zumindest eine halbe Stunde später — auch für mich der schönere Abend geworden. Aber wenn ich nicht will, dann will ich nicht. Er mag meinen Rock nicht — sein gutes Recht! Ich mag seine Meinung über meinen Rock nicht — mein gutes Recht! Dann bin ich eben eine Runde beleidigt, eine meiner absoluten Lieblingsbeschäftigungen.

Wahrscheinlich war das das letzte Mal, dass der Typ sich zu einer unbedachten, ja kränkenden Äußerung zu meiner Klamotte hat hinreißen lassen. Das passiert ihm nicht noch mal, weil er auf so eine beleidigte Alte garantiert keinen Bock hat. Man kann so was also auch als erzieherische Maßnahme sehen. Die Frage ist nur, wie lange der Mann das mitmacht, und es muss einem natürlich klar sein, dass man es eventuell in Kauf nimmt, irgendwann wieder getrennte Wege zu gehen.

Was das Streitpotenzial angeht, gibt es so zwei, drei Dinge, an die ein Mann bei mir auf keinen Fall randarf. Unter keinen Umständen. Dazu gehört ein bestimmtes Fach im Kühlschrank: mein Fach!

Da stehen meine geliebten Diätprodukte. Mein Hüttenkäse mit nur drei Prozent Fett, die fettarme Milch, der leichte Mozzarella, alles was mir hilft — oder von dem ich mir zumindest einbilde, dass es das tut —, meine Figur zu halten. Und dann ist da noch meine Gemüseschublade, die immer prall gefüllt ist mit Karotten, Stangensellerie, Tomaten und Paprika. Das sind Dinge, die ich mit niemandem teile, schon gar nicht mit einem Mann. Dem ist doch eh egal, was er futtert, Hauptsache, er stillt seinen Hunger. Der guckt doch noch nicht mal drauf, ob irgendwas drei oder fünfzig Prozent Fett hat. Ihm soll es doch nur schmecken.

Dafür muss er sich aber nicht an meinen Sachen vergreifen. Nur weil er zu faul ist einzukaufen. Nee,

so nicht! Da kann ich nur sagen, meins ist meins und deins ist deins.

Das Don't-touch-Prinzip gilt auch, was die Finanzen angeht. Er hat weder seine Nase in eure Kontoauszüge zu stecken noch seine Finger in euer Portemonnaie. Dabei ist auch nicht die Frage, ob er sich zwei oder zwanzig Euro nimmt, es geht darum, dass es Sachen gibt, die man nicht anfasst. Egal wo sie rumliegen und ob es so aussieht, als lägen sie nicht gerade in einem Versteck. Das Gleiche gilt auch für das Handy, das Adressbuch und den Terminkalender. Da muss man die Privatsphäre achten, und es ist einfach respektlos, in den Sachen rumzuschnüffeln, ganz egal, ob man etwas zu verbergen hat oder nicht.

Und was noch mal das Geld angeht: Wenn er in einer echten Notsituation ist, zum Beispiel dass sein Handy vom Tisch gefallen und kaputt ist, und er muss euch jetzt von der Telefonzelle aus anrufen, um zu sagen, dass er zehn Minuten später kommt – dafür braucht er natürlich zwanzig Cent. Oder sein Auto hat einen Platten, und er muss ein Busticket kaufen, um euch, wie verabredet, vorm Kino zu treffen. Dann, aber nur dann, dürfte er sich das Geld bei euch ausborgen. Aber nur, wenn er sofort einen Zettel in die Geldbörse legt, auf dem notiert steht, wieso er sich wann wie viel genommen hat. Dann ist er zumindest ein ehrlicher Dieb.

Was passiert, wenn wir uns streiten ...

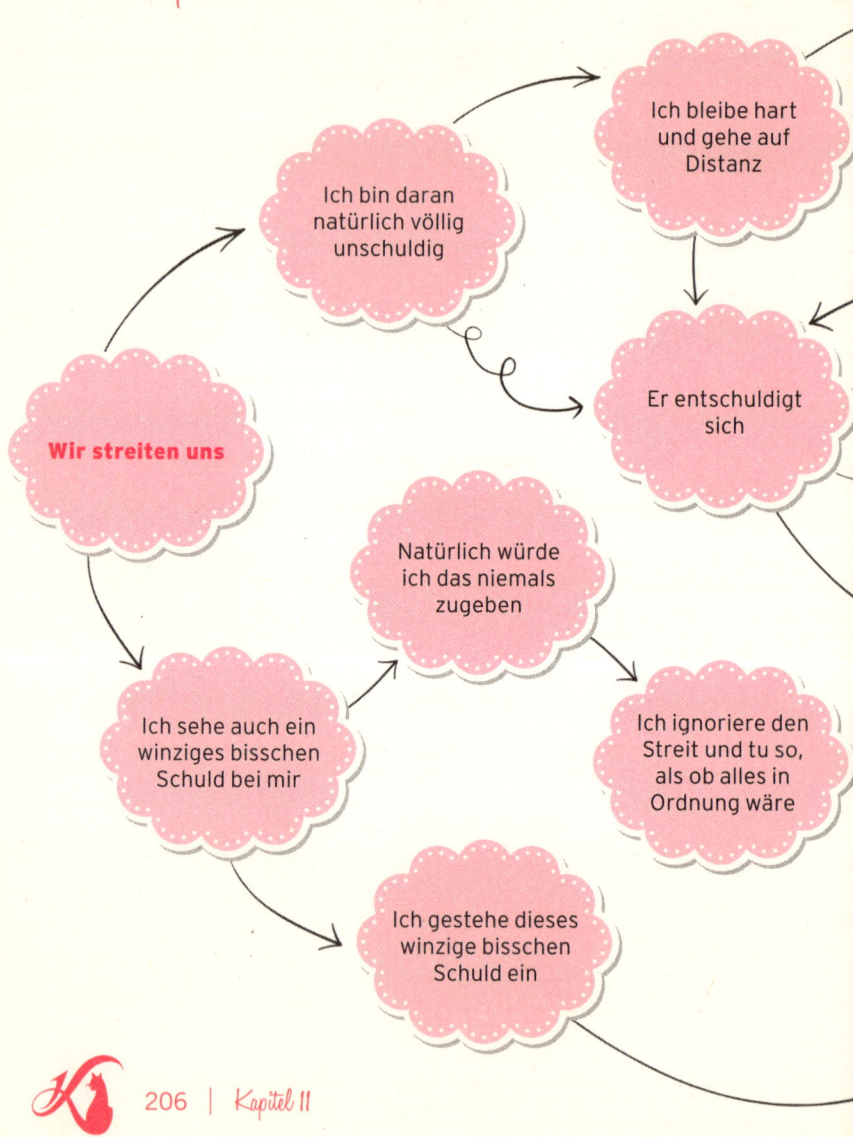

Ich bleibe hart und gehe auf Distanz

Ich bin daran natürlich völlig unschuldig

Er entschuldigt sich

Wir streiten uns

Natürlich würde ich das niemals zugeben

Ich sehe auch ein winziges bisschen Schuld bei mir

Ich ignoriere den Streit und tu so, als ob alles in Ordnung wäre

Ich gestehe dieses winzige bisschen Schuld ein

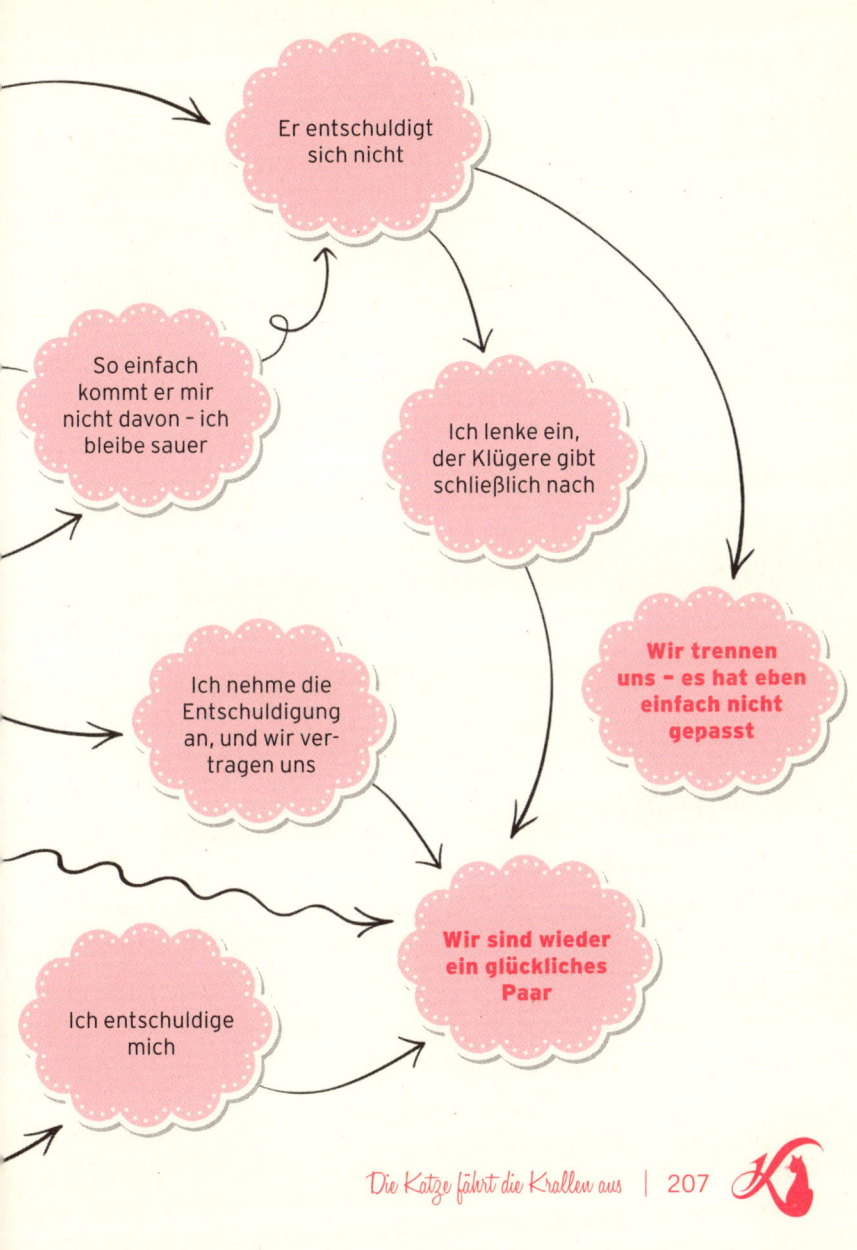

Er entschuldigt sich nicht

So einfach kommt er mir nicht davon – ich bleibe sauer

Ich lenke ein, der Klügere gibt schließlich nach

Ich nehme die Entschuldigung an, und wir vertragen uns

Wir trennen uns – es hat eben einfach nicht gepasst

Ich entschuldige mich

Wir sind wieder ein glückliches Paar

12. Katze wieder allein zu Haus

oder

ZEIGE NIEMALS, WIE SCHLECHT DU DICH FÜHLST

....

Es ist also mal wieder aus und vorbei. Was tun? Ich gehe dann immer shoppen. Therapeutisches Einkaufen sagt man ja heute dazu, besser bekannt als Frustshoppen. Also relativ sinnloses Geldausgeben für jede Menge Dinge, die man noch weniger braucht als eingewachsene Fußnägel und die – viel schlimmer – meistens noch nicht mal passen. Weder vom Stil geschweige denn von der Größe. Diese in nicht ganz glücklichen Zeiten gekauften Sachen blockierten bei mir mal circa ein Viertel meines wirklich nicht kleinen Kleiderschrankes. Sie waren unschwer daran zu erkennen, dass sie alle noch ihre Preisschilder hatten. Das führte mir dann jeden Tag wieder meine Unvernunft und den damals empfundenen Frust vor Augen, was wiederum den positiven Effekt hatte, dass ich bei diesem Anblick jedes Mal schwor: Nie wieder!

Nie wieder lässt du dich zum Kauf viel zu enger, gelber Röhrenjeans verleiten – nur weil du Ärger mit einem Typen hast. Ich meine gelb – seit wann steht Blondinen gelb? Oder dieses Flatterfähnchen – ein Hauch von Nichts –, das ich mitten im Dezember bei bitterster Kälte erstanden habe, um mich über einen Kerl hinwegzutrösten. Wäre sicherlich das richtige Outfit für Hawaii bei 34 Grad am Strand, aber da ich noch nie auf Hawaii war und leider in nächster Zeit auch kein Besuch dort ansteht, war wohl auch das ein klarer Fehlkauf.

Ja, diese Sachen erinnerten mich nicht an die besten und romantischsten Zeiten in meinem Leben, und deshalb habe ich eines Tages beschlossen, dass sie alle, alle weg müssen. Weit weg. Ausnahmslos. Also her mit zwei Plastiksäcken, reingestopft und ab in den nächsten Altkleider-Container. Keine Ahnung, wer jetzt irgendwo auf der Welt mit meinen nie getragenen Klamotten rumläuft. Ich hoffe nur, dass sie derjenigen mehr Glück bringen als mir. Für mich war's nur rausgeschmissenes Geld. Schwamm drüber!

3 x S – diese Zeichenfolge hat bei mir nichts mit Sex zu tun. Das S steht also nicht für sabbern, saugen, schmatzen oder irgendwelche schweinischen Sachen. Nee, 3 x S steht für *Sport*, *Shoppen* und *Saumäßig gut aussehen*. Eine meiner wichtigsten Regeln, wenn es mir schlecht geht, lautet nämlich: Sieh bloß nie – ich wiederhole: nie! – so aus, wie du dich fühlst.

Eine meiner ersten Amtshandlungen bei Liebeskummer lautet darum: ausmisten. Und zwar richtig! Frei nach dem Ausverkaufs-Motto: »Alles muss raus«. Und zwar nicht in irgendeinen Karton, der dann in die hinterste Ecke unterm Bett geschoben wird, um ihn bei Gelegenheit wieder rauszukramen und sich ein bisschen in Selbstmitleid zu suhlen, sobald man mal wieder einen Gedanken an den Ex verschwenden sollte. So einen Gedanken wie: Ganz so übel war der Kerl doch gar nicht, manchmal war es doch ganz nett, zum Beispiel im Bett.

Nein! Alles was auch nur im Entferntesten an diesen bekloppten Ex erinnert, kommt weg. Ab in den Mülleimer.

Ob Fotos vom gemeinsamen Urlaub (der doch ohnehin scheiße war, weil die Sandflöhe einem den gan-

zen Hintern zerbissen haben) – weg damit! Das silberne Armband mit dem Herzanhänger – weg damit! Die roten Lackpumps – weg damit! Selbst schuld, wer seiner Liebsten Schuhe schenkt, hat den Schuss nicht gehört, jedes Kind weiß doch, dass die Frau dann wegläuft (bei so etwas bin ich wirklich abergläubisch). Oder oder oder. Ganz egal, weg damit. Nur was in den Müll wandert, ist für immer weg. Und das haben die Sachen dann zum Glück mit dem Ex gemein – weg, für immer!

Wir machen hier keine Ich-tu-mal-so-als-ob-ich-böse-bin-Trennung. Nein, wir trennen uns – und zwar richtig. Früher habe ich die Sachen auch erst mal in einen Beutel gepackt und dann nach und nach wieder rausgezogen. Ist doch zu schade drum, das kann man doch noch anziehen, die schöne Kette kann doch nichts dafür, dass der Typ ein Penner ist. Zumindest meine Mama könnte die ja noch tragen. Nix da. Abfahrt!

Glaubt mir, Mädels, das funktioniert anders nicht. Ihr merkt sonst spätestens dann, wenn eure Mutter euch mit der Kette gegenüber steht, dass die euch früher mal der geilste Typ auf Erden und mittlerweile der verhassteste Mensch der Welt geschenkt hat. Wenn ihr dann auch noch das Gefühl habt, dass das Ding eurer Mama noch besser steht als euch selbst, ist es bis zur Selbstentleibung nicht mehr weit.

Also, liebe Müllabfuhr, ab mit der Extrafuhre inklusive dem Liebeskummer als Sondermüll – bitte besonders sorgsam zerschreddern, verbrennen und verbuddeln. Auf Nimmerwiedersehen!

Bei Liebeskummer gucke ich am liebsten einmal die kompletten sechs Staffeln von *Sex and the City* durch. Da sagt Samantha – ihr wisst schon, das ist die Älteste in der Runde, die aber immer die kürzesten Röcke, tiefsten Ausschnitte und geilsten Jungs hat (und darum auch den meisten Sex von allen vier Weibern) –, nämlich den vielleicht wahrsten Satz, was Männer, Frauen und ihre Beziehungen angeht: »Scheiß drauf, ist doch nur ein Mann. Davon gibt's Millionen.« Recht hat sie! Allein für diese eine bahnbrechende Erkenntnis gehört *Sex and the City* in den Fernseh-Olymp!

Weinen muss ich bei Liebeskummer zum Beispiel grundsätzlich, wenn ich mir *Die Blaue Lagune* oder *Titanic* anschaue. Und natürlich bei *Dirty Dancing*. Da bleibt bei mir kein Auge trocken. Jetzt bitte nicht lachen, aber ich finde diese Filme so furchtbar realistisch. Klar, es sind Liebesfilme, aber worüber reden wir hier schon seit x Seiten? Über die Liebe – ein echtes Gefühl, das uns froh machen, aber auch so unfassbar wehtun kann. Ein Gefühl, das uns in einem Moment zum glücklichsten und im nächsten Augenblick zum traurigsten Menschen der Welt machen kann.

Kate Winslet macht es vor — als Rose verlebt sie leider nur einige wenige, aber die wohl intensivsten Stunden ihres Lebens auf dem ollen Dampfer. Und ist sie eben noch die glücklichste Frau der Welt, stirbt schon der Lover neben ihr. Wegen diesem blöden Eisberg! Ist das bitte traurig?!

Oder wenn nicht klar ist, ob Baby ihren Tanzlehrer bekommt. Obwohl ich nach knapp hundertmal gucken das Ende langsam kenne und weiß, dass sie sich nachher in den Armen liegen und Patrick Swayze sein Baby noch mal locker über dem Kopf stemmt (möchte nicht wissen, wie viele Mädels sich beim Versuch des Nachtanzens dieser legendären Szene was gebrochen haben) — ich weine jedes Mal, wenn er sauer auf sie ist und sie stehen lässt. Auch wenn die Handlung nicht unbedingt superrealistisch ist, die Gefühle in den Filmen sind es umso mehr.

Bei Liebeskummer bin ich einerseits die komplett falsche Ansprechpartnerin — andererseits aber auch genau die richtige Person. Kommt drauf an, wie hart ihr im Nehmen seid. Auf jeden Fall bin ich nicht die Frau, die euch an die Brust zieht und sagt: Nun wein dich erst mal richtig aus! Die Zeit heilt alle Wunden, das wird schon wieder. Andere Mütter haben auch schöne Söhne. Er war es doch gar nicht wert. Du arme Gute. Was für ein Scheißtyp.

Nein, das werdet ihr von mir nicht hören. Sorry, aber damit kann ich nicht dienen. Denn: Ich lüge grundsätzlich nicht, auch nicht, um jemanden zu trösten. (Na gut, ich habe mich schon mal zwei Zentimeter größer geschummelt – das war aber, soweit ich mich erinnern kann, wirklich das einzige Mal). Ich glaube, dass es über kurz oder lang besser ist, der Wahrheit ins Gesicht zu gucken. Und die lautet nun mal: Den Typen, in den du eben noch bis über beide Ohren verschossen warst, den gibt es ist nicht mehr, jedenfalls nicht mehr für dich. Schluss, aus, vorbei, finito! Da spielt es auch erst mal keine Rolle, wieso, weshalb, warum. Es ist scheißegal, warum Schluss ist. Die Antwort auf diese Frage ist noch unwichtiger als der Sack Reis, der irgendwo in China umfällt. Es ist Schluss. Also Schluss jetzt.

Zum ganz schnellen Abgewöhnen hilft es am besten, sich vorzustellen, dass er schon am nächsten Tag was mit einer Neuen angefangen hat. Und zwar nicht mit irgendeiner, sondern mit einem Victorias-Secret-Model. Ihr wisst schon, eine dieser überirdisch schönen Frauen, die mit den Engelsflügeln über den Laufsteg in fast verboten scharfer Unterwäsche schweben und jeder von uns das Gefühl geben, klein, dick und hässlich zu sein.

Keine von uns wird auch nur jemals annähernd einen solchen Traumbody besitzen, ganz gleich, wie viele Sit-ups wir machen, ob wir uns ab sofort nur noch von zwei Scheiben Gurke pro Tag ernähren oder wir ein Dauer-Abo zum Fettabsaugen, Poaufpolstern und den Busen auf Doppel-D vergrößern erwerben. Diese Frauen sind einfach überirdisch schön.

Ein kleiner, wenn auch zugegebenermaßen ganz, ganz schwacher Trost: Auch sie haben ihre Problemzönchen, die mit allerlei Airbrush-Ganzkörper-Make-up und diversen Klebestreifen an versteckten Stellen zurechtgerückt werden. Zu sagen: »Mehr Schein als Sein« wäre aber leider gelogen.

Also gut, wir haben nun unser ganz persönliches Horrorszenario entworfen und gehen davon aus, dass unser Ex, ja Ex, gewöhnt euch dran, mit einer der schönsten Frauen des Planeten irgendwo in der Karibik auf einer 60-Meter-Motoryacht dümpelt. Vielleicht haben sich Beyoncé und Jay Z. zum Lunch angesagt, während Leonardo DiCaprio mit seiner neuen Freundin später auf ein, zwei Partien Backgammon vorbeischauen will. Und wenn schon – lasst ihn, vergesst ihn! Man muss auch gönnen können.

Unser Leben geht weiter, wenn auch leider nur im

heimischen Supermarkt zwischen den Abflussfrei- und Waschmittel-Regalen. Aber auch hier haben die Leute Augen im Kopf und kein Verständnis, wenn wir verschnoddert und ungekämmt in Lotter-Jogginghosen durch die Gänge schleichen.

Nein, unsere Mitmenschen sehen uns nicht auf den ersten Blick an: »Oh, die Arme, hat ihr Freund sie gerade verlassen? Das tut mir aber leid.« Nein, alles was sie sehen, ist: Na, wenn die keinen Freund hat, wundert mich das auch nicht. So wie die aussieht! Wer soll sich denn an die rantrauen?

Man darf auf keinen Fall, ich wiederhole: auf keinen Fall, so bescheiden aussehen, wie man sich fühlt. Ja, jeder fühlt sich in dieser Situation grauenhaft mies. Doch genau deshalb zeigen wir uns von unserer strahlendsten Seite. The Show must go on!

Jetzt müssen wir uns über das Thema SMS noch ein bisschen ausführlicher unterhalten. Da ja heutzutage ein Großteil der Kommunikation darüber läuft, sollte man bestimmte Verhaltensregeln beachten. Ich schreibe jetzt immer SMS, weil das so schön kurz ist, damit meine ich aber auch alle anderen kleinen, schnellen Nachrichten, die wir übers Handy verschicken können, also ganz gleich ob per Mail, WhatsApp, Twitter, Facebook oder eben die klassische Kurznachricht.

Dass das nicht das Gleiche ist wie ein Telefonat oder ein handgeschriebener Brief, wissen wir spätestens, seitdem ganz Deutschland darüber diskutierte, ob man per SMS Schluss machen darf. Ihr erinnert euch: Naddel und der Schlagerproduzent Ralph Siegel. Warum auch immer diese beiden jemals ein Paar wurden, sie blieben es nicht lange, und Frau Ex-Bohlen verabschiedete sich per Short-Message-Service. Guter Stil? Sagen wir mal so: Ich finde, es kommt drauf an. Und ja, ich habe es auch schon gemacht! Mehr als einmal sogar. Nämlich immer dann, wenn ich sehr schnell gemerkt habe, dass da doch ein großer Irrtum vorliegt und wir das lieber ganz, ganz schnell beenden sollten. Dann ist meistens noch nicht allzu viel passiert, es hat noch kein großer Gedanken- und Gefühlsaustausch stattgefunden, und deshalb gibt es auch nicht mehr viel zu bereden.

Dann kann ein gesimstes »Du, sei nicht böse, aber ich glaube, das bringt nichts mit uns« zwar kurz und knapp, aber sehr ehrlich sein. So ist alles gesagt, was zu sagen ist, und weiter geht's im Programm. Genauso weiß der andere, woran er ist, und kann sich anderen Frauen zuwenden.

Anders verhält es sich, wenn wir aus einer echten Beziehung aussteigen, wir also schon sehr viel Zeit miteinander verbracht haben, viel über den anderen wissen und umgekehrt. Dann wissen wir nämlich auch ganz genau, dass wir jetzt jemandem sehr wehtun. Dann ist eine SMS-Verabschiedung zwar einfach, und man hat nicht das Problem, sich von seinem Gegenüber einlullen zu lassen, aber es ist auch irre feige. Nein, das hat niemand verdient. Nicht einmal der Kerl, den wir gerade mit einem One-Way-Ticket auf den Mond schießen.

Per SMS Schluss zu machen birgt aber noch viel mehr Gefahren. Das fängt an bei diesem blöden Rechtschreibprogramm. Was uns eigentlich helfen soll, kann einen auch ganz schnell in die Scheiße reiten. Ich mache meine Rechtschreibfehler auf jeden Fall lieber selbst, als dass mir der blöde Chip im Computer irgendwas vorgibt, was ich nie gemeint habe. Wenn man da nicht höllisch aufpasst, hat man da auf einmal Zeitverschiebung statt Zeitverschwendung stehen. Oder Schuss statt Schluss. Oder sauer statt sorry. Echt komisch, was da manchmal rauskommt. Statt also unsere Beziehung als unnötige Zeitverschwendung zu bezeichnen, warum ich hiermit lieber Schluss mache und dafür sorry sage, kommt dabei nämlich raus, dass ich wegen der nervigen Zeitverschiebung zwischen Mannheim und Ludwigshafen nicht mehr mag und ihm darauf noch einen Schuss verpasse, weil ich echt sauer bin.

Vor einer Aussprache, also einem Treffen, bei dem wir sagen, wieso, weshalb, warum es so nicht mehr weitergeht, haben wir alle Angst – das ist verständlich. Aber da müssen wir durch. Und wir müssen hart bleiben. Wir dürfen nicht einknicken, wenn er mit Dackelblick vor uns sitzt. Wenn er schnieft und schluckt, oder wenn er laut wird, ja wenn er brüllt. Oder schlimmer noch: Wenn er angekrochen kommt und uns noch einmal küssen will …

Nein, nein, nein, wir knicken nicht ein!

Wir haben uns lange überlegt, was wir wollen und dass wir es genau so *nicht* mehr wollen. Nein, er darf uns keinen Abschiedskuss geben. Nein, wir lassen uns nicht noch mal in den Arm nehmen, nur um dann fünf Minuten später doch wieder mit ihm im Bett zu liegen. Nur noch dieses eine einzige Mal – nein, kein Mal mehr, nie wieder.

Versöhnungs-Sex ist schön und meinetwegen auch gut – da hat man sich eine Weile angeschrien und dann angeschwiegen und dann doch irgendwann wieder ganz lieb. Und dann hat man tollen, leidenschaftlichen Sex. Stimmt – das hat aber nichts mit Abschieds-Sex zu tun. Da haben wir im Kopf nämlich schon den Off-Knopf bedient, sind bereits einen Schritt weiter, planen unser Leben ohne ihn an unserer Seite – und dann wird da eine Mitleidsnummer draus. Glaubt mir, nichts ist erbärmlicher als Mitleids-Sex – für alle Beteiligten!

Also Mädels, wenn Ihr das Schlussmachen, oder noch schlimmer das Verlassenwerden, hinter euch gebracht habt und jetzt wahrscheinlich ganz bösen Liebeskummer habt:

Raus aus dem Bett, Zähne putzen, Haare kämmen, hübsch machen! Ich will euer Eine-Million-Dollar-Lächeln sehen. Auf in den Kampf! Gebt euch nicht geschlagen, weil es mit so einem blöden Typen nicht geklappt hat. Nehmt alles, was euch nur im Entferntesten an ihn erinnert, und haut es weg. Selbst den Kochtopf, in dem er mal seine Ravioli warm gemacht hat – ab in den Müll. Keine Rücksicht auf Verluste. Wir machen keine Gefangenen!

Und falls ihm was gehört und ihr Angst habt, dass er euch auf Schadensersatz verklagen könnte – solche Idioten soll's ja geben –, dann ab in den Karton und vor die Tür damit. Kurze SMS: »Deine Sachen stehen jetzt zur Abholung bereit«, und dann für alle Zeiten seine Nummer löschen. Wenn er Glück hat, kommt er noch vorm Sperrmüll. So, dieses Kapitel wäre also fertig. Abgelegt unter »Es war einmal ...«

Einer Tatsache müsst ihr dabei ins Auge sehen: Es gibt keinen schönen Weg, eine Beziehung zu beenden.

Genauso wahrscheinlich ist, dass morgen ein pinkes Einhorn meinen Weg kreuzt oder ich irgendwann im Leben wirklich mal Rotkäppchen samt Wolf im Wald treffe. Schön Schluss machen – schon mal ein rundes Quadrat gesehen?

Blöderweise macht beim Schlussmachen auch Training nicht den Meister. Leider! Das liegt daran, dass Liebeskummer mit zunehmendem Alter immer schlimmer wird. Ja, ihr habt richtig gelesen. Je älter man wird, umso mehr tut es weh. Klingt auf den ersten Blick nicht gerade einleuchtend, deckt sich aber dummerweise mit allen Erfahrungen, die ich und meine Freundinnen gemacht haben.

Der erste Liebeskummer ist natürlich der allerallerallerschlimmste. Wäre es nicht einfacher zu sterben, als jemals wieder aufzuwachen? Nie wieder wird die Sonne so hell scheinen, wie sie es gestern noch getan hat. Die Vögel sind für alle Zeit verstummt, und die Blumen im Garten haben beschlossen, nie wieder im ganzen Leben zu blühen. Dass die Erde sich überhaupt noch dreht, ist nur damit zu erklären, dass sie noch nicht mitbekommen hat, dass Schluss ist.

Der erste Liebeskummer ist krass. Man wusste gar nicht, dass etwas so wehtun kann. Der einzige Vorteil hierbei ist: So heftig, wie er kommt, so schnell geht er wieder.

Der erste Liebeskummer ist überschaubar. Später merkt man, dass er der kürzeste war, auch wenn man das natürlich in diesem Moment nicht wahrnimmt. Das liegt daran, dass man sich in jungen Jahren noch schneller entwickelt. Einige Monate kommen einem da wie Jahre vor, und was ich eben noch dachte, ist längst Vergangenheit. So wie mir gerade noch ein A-Körbchen passte und – schwups – über Nacht ein B-Körbchen hermusste, fast genauso schnell hat man auch die Liebe seines Lebens vergessen – obwohl man sich eben noch geschworen hat, sich nie, nie, nie wieder zu verlieben. Blödsinn! So schnell kannst du gar nicht gucken, wie schon der Nächste dein Herz erobert hat.Und das ist auch gut so!

Ja älter und erfahrener du aber wirst, desto eher weißt du, was ein Aus bedeutet. Welche Verletzungen das oft mit sich bringt – und, viel schlimmer, wie schwierig es sein wird, wieder einen neuen Partner zu finden. Einen, der zumindest eine Zeitlang zu einem passt. Einen, für den man bereit ist, Kompromisse einzugehen. Einen, den man einfach liebt, weil er ist, wie er ist. Tja, aufgrund schmerzhafter Erfahrung wissen wir, dass das nicht so einfach ist, genau so jemanden nochmal zu finden. Und wenn man nicht mehr sechzehn, sondern schon ein wenig reifer ist, hat man da einfach schon ganz andere Erfahrungen gemacht.

Aber was heißt hier »einfach«? Es kommt jedes Mal der Besteigung des Mount Everest gleich, eine verlorene Liebe zu überwinden. Nicht, dass ich da schon mal oben war, aber ich stelle es mir ähnlich schwierig vor, über ein gebrochenes Herz hinwegzukommen oder 8000 Meter steil bergauf zu kraxeln. Für Bergsteiger gibt's wenigstens Sauerstoff-Masken. Aber für die Liebe?

Je älter man wird, desto wählerischer wird man ja auch, spezieller in seiner Auswahl und kompromissloser – das macht die Suche zwar nicht einfacher, dafür ist das Ergebnis aber (bei Erfolg) auch wertvoller.

Ich kann euch nur sagen: Man ist nur relativ kurz jung – und blöderweise viel länger alt. Deshalb vertut eure besten Jahre nicht und verplempert wertvolle Zeit, weil ihr irgend einem Typen ein, zwei Jahre nachheult. Es lohnt sich nicht.

Glaubt auch nicht, dass eine Freundin euch den Mann an der Seite ersetzen kann. Das funktioniert leider nicht. Es wäre zwar einfacher, aber es ist nun mal unmöglich. Warum? »Du siehst geil aus« hört sich einfach anders – tausendmal besser – an, wenn es ein Mann zu einem sagt, statt die allerbeste Freundin. Die meint es zwar bestimmt auch ernst, doch egal wie oft sie es sagt, »du siehst geil aus« muss aus dem Mund eines Typen kommen, erst dann hört es sich richtig scharf an.

Ich glaube ja, um einen Mann zu vergessen, braucht man einen anderen Mann. Einen, der mindestens so scharf ist wie die Neue – immer noch das Unterwäsche-Model! – von unserem Ex. Also ab ins Fitnessstudio, wir bringen uns in Form, um dann den Kampf für den neuen Mann aufzunehmen.

Noch nie waren wir so sexy wie heute! Ja, sagt es noch mal: Nie waren wir so sexy wie heute! So begehrenswert. So unwiderstehlich! So in Die-und-keine-andere-Frau-soll-es-sein-Form.

Couch-Potato ist ja eigentlich eines meiner Lieblingswörter. Wenn es das nicht schon geben würde, hätte ich es glatt erfinden können. Denn die Tätigkeit – also eigentlich die komplette Untätigkeit – habe ich längst perfektioniert. Ich bin also sozusagen die fleischgewordene Couch-Potato.

Ich kann tagelang in meiner Wohnung verbringen, ohne auch nur einen einzigen Schritt vor die Tür zu setzen. Da verpuppe ich mich wie eine kleine, dicke Raupe und fühle mich pudelwohl in meinem Kokon. Da spielt die Katze, also ich, Raupe Nimmersatt – kennt ihr bestimmt, das Kinderbuch, wo das Tierchen gar nicht mehr aufhört zu fressen, bis sie dann ein schöner Schmetterling ist. Genauso mache ich es auch. Erst ein paar Tage futtern und faulenzen, dann schminken und schick machen – und voilà, erstrahle ich in neuem Glanz.

Ich fresse mich da erst mal quer durch den Kühlschrank, zappe mich durch sämtliche Fernsehkanäle, schlurfe zwischen Bett und Bad hin und her und genieße das Leben. Wunderbar, solche Tage muss sich jeder mal gönnen.

Aber es gibt eine Zeit, in der sie allerstrengstens – und zwar unter Androhung von Gewalt – verboten sind. Und zwar an Liebeskummertagen!

Gerade dann, wenn man sich danach fühlt und am allerliebsten nur die Decke über den Kopf ziehen möchte, dann muss man raus vor die Tür, mitten rein ins Leben. Denn nur hier werdet ihr sie finden, die Männer, die vielleicht bald wieder euer Leben lustiger machen.

Meine
liebsten Lieder für jede
Liebeslage

Mit Liebesliedern ist das ja so eine Sache. Es kommt immer auf den Moment und die Umstände an, wann welches Lied funktioniert. War der eine Song eben noch der absolute Favorit und Gute-Laune-Macher, kann er einen schon ein paar Tage (und eine Trennung) später zum schlosshundartigen Heulen bringen. Ich habe mittlerweile meine ganz persönliche Love-Song-Hitliste, völlig unabhängig davon, ob ich gerade glücklich, unglücklich oder gar nicht verliebt bin.

*Hier sind ein paar
Liebeslieder, die mir immer
gute Laune machen:*

PURPLE RAIN

von Prince

*Das ist so ein typisches Katzenberger-Ding.
Ich fand den Song schon immer gut,
obwohl ich den Text nie richtig verstanden habe,
bis ich den mal googelte und dann drauf
kam, dass das ja ein ganz trauriges Lied ist —
so mit Trennung und so. Aber egal, ich mag
den Song so gerne, dass ich ihn heute auch spiele,
wenn ich frisch verliebt bin. Den Text hab
ich eh längst wieder vergessen.*

BEHIND BLUE EYES

von Limp Bizkit

*Und da wären wir beim selben Problem —
hätte ich den Text von Anfang an verstanden,
wäre es nie eines meiner Lieblings-
Liebeslieder geworden ...*

SHE'S LIKE THE WIND
von Patrick Swayze

Hach, das ist einfach so schön — wer
Dirty Dancing gesehen hat, weiß, warum.
Ich kann den Film mitsprechen, mittanzen,
mitsingen. Ich sage nur: »Ohne sie zu
leben, würde mich verrückt machen« —
wo Patrick, Gott hab ihn selig, recht hat,
hat er eben recht.

IN THE AIR TONIGHT
von Phil Collins

Ja, genau, heute Nacht passiert es. Auch ich
kann es fühlen, sehr gut sogar, überall. Es kommt,
es kommt, es koooooooooooooomt!

A GROOVY KIND OF LOVE
auch von Phil Collins

Ist doch nicht umsonst im Soundtrack bei
Wedding Planer — verliebt, verlobt, verplant
dabei. Was für eine schöne Liebesschnulze!
Jungs würden dabei am liebsten kotzen, ich
muss meistens weinen vor Rührung.

IT MUST HAVE BEEN LOVE
von Roxette

Zeigt mir ein Mädchen, nur ein einziges, das bei dem Lied nicht dahinschmilzt. Das ist ja auch kein Wunder, immerhin ist Pretty Woman, *auf dessen Soundtrack der Song ist, die Mutter aller Romantikfilme. Gibt es eine schönere Liebesgeschichte, als wenn Richard Gere aus der weißen Limousine steigt und seine geliebte Julia Roberts auf dem Balkon küsst? Romeo und Julia? Dass ich nicht lache. Richard und Julia — ein unerreichtes Traumpaar.*

MY HEART WILL GO ON
von Celine Dion

Es gibt einfach Dinge, die sind zu schön, um wahr zu sein — dieses Lied ist genau so etwas. Wie kann man nur so was Schönes schreiben, komponieren und singen. »Liebe war das, als ich dich liebte« — her mit dem Taschentuch! Titanic *ist und bleibt einer der tollsten Liebesfilme aller Zeiten, und ich habe ihn schon gefühlte 118 Mal gesehen — immer wieder, schnief, schnief, schnäuz, schön!*

Liebeskummer-Lieder, die uns wieder aufbauen, wenn es uns schlecht geht

I WILL SURVIVE

von Gloria Gaynor
oder der Hermes House Band
(beides gut!)

Eine Hymne. Und sie hat so recht, die gute Gloria. Ja, wir werden alles überleben. Den Schmerz, die Herzstiche, das Kopf-Karussell. Das Leben geht weiter, vielleicht nicht gerade jetzt und heute, aber morgen oder irgendwann. Los, dreh dich um, raus aus der Tür, und hau ab, denn niemand wird sich hier auf den Boden legen und sterben — wow, dieses Lied spricht doch nun wirklich jeder gerade Verlassenen aus dem Herzen. Aber Vorsicht: Nicht drei Tage lang in der Dauerschleife hören — das gibt akute Overkill-Gefahr. Außerdem wird dein Nachbar wahnsinnig dabei, also Kopfhörer auf!

NOTHING COMPARES TO YOU
von Sinead O'Connor

Wer will nicht unvergleichlich (schön, perfekt, strahlend) sein? Und jetzt verrate ich euch mal, was mir vor langer Zeit ein Bekannter erzählt hat: In dem Lied geht es zwar um eine Trennung, aber nicht um eine zwischen Mann und Frau, sondern um die zurückgelassene Tochter nach dem Tod der Mutter. Seid ehrlich, habt ihr das gewusst?

I CAN'T DANCE
von Genesis

Eigentlich weiß ich gar nicht, worum es in dem Song geht – außer dass ich auch nicht tanzen kann und mag. Ich finde den Refrain aber so herrlich einfach zum Mitsingen oder noch besser Mitbrüllen. Da dreh ich die Boxen ganz laut auf – und ab geht's.

NOTHING'S GONNA STOP ME NOW
von MIR (na gut, im Original von Samantha Fox)

Das macht mir einfach immer gute Laune – und begleitet mich ja eigentlich schon mein Leben

lang, das Lied ist nämlich fast genauso
alt wie ich. Das lege ich in schlechten Zeiten
auf — auflegen klingt auch schön, oder?
Als ob ich noch eine richtige Scheibe auf den
Plattenteller legen würde. Ich meine natürlich,
das mache ich immer dann auf dem
MP3-Player an, wenn ich schlecht drauf bin.
Und schwups, sehe ich mich schon wieder fürs
Video am Strand von Mallorca langhüpfen,
und es geht mir besser. Mein absoluter
Liebeskummer-Killer!

HIGHWAY TO HELL

von AC/DC

Auf der Autobahn in die Hölle — genau da
wünsche ich ihn, den Ex, jetzt hin, direkt
ins Fegefeuer. Und zwar mit Karacho auf der
Überholspur. Viel Spaß beim Schmoren!

DIESER WEG

von Xavier Naidoo

»Manche treten dich, manche lieben dich« —
genauso ist das! Und deshalb darf man nie,

egal wie schwer und steinig der Weg auch ist,
aufgeben. Man muss immer hoffen, dass man
wieder einen trifft, der einen liebt – dann ist
der, der einem vorher einen Tritt in den
Arsch verpasst hat, auch schnell vergessen.
Also macht euch auf den Weg!

....

Der absolute Abtörner

Da will ich der Liebe gleich für alle
Zeiten freiwillig entsagen:

I JUST CALLED TO SAY I LOVE YOU
von Stevie Wonder

Da hat er aber Glück gehabt, dass ich nicht
am anderen Ende der Leitung war, ich hätte
nämlich sofort aufgelegt. Manchmal kann gute
Laune auch echt auf den Sack gehen.
Also sorry, Mr. Wonder, falls Sie das hier
vorgelesen bekommen, aber Ihr Song
nervt mich nur!

13. Das Katzen-Puzzle

oder
DIE NÄCHSTE LIEBE
IST IMMER DIE
GRÖSSTE

....

Liebe ist das wohl Schönste der Welt. Auch wenn sie sehr wehtun kann, ist das Gefühl, der echten Liebe begegnet zu sein, zu wunderbar, um darauf zu verzichten. Liebe ist jeden Schmerz wert. Es ist schon was dran, wenn die Leute sagen, wer die wahre Liebe nie erlebt hat, hat nie richtig gelebt. Und wer nicht wagt, der kann nicht gewinnen.

Ja, Liebe ist mit einem großen Risiko verbunden, aber wie langweilig wäre denn unser Leben, wenn wir

uns nicht mal was trauen würden? Wer wirklich liebt, gibt viel von sich. Man gibt sein Innerstes preis, man verschenkt Gefühle, man macht sich Hoffnungen, man lebt mit Verlustängsten – und trotzdem lohnt es sich. Ich glaube an die wahre Liebe – aber leider nicht an die ewige.

Nichts auf der Welt ist für ewig! Selbst die Pyramiden bröckeln langsam vor sich hin, von meiner Lieblingshandtasche ganz zu schweigen, an der sich wieder mal der Henkel löst, obwohl ich sie schon tausendmal zum Schuster getragen habe. Eine Liebe kann lange halten, aber immer?

Ich denke ja, dass die meisten Paare schon am Anfang ihrer Beziehung einen entscheidenden Fehler begehen. Sie versuchen, aus zwei eins zu machen. Das kann nicht funktionieren. Selbst ich mit meinen beschränkten mathematischen Fähigkeiten weiß: 1 + 1 = 2. Daran ist einfach nicht zu rütteln. 1 + 1 ergibt niemals 1.

Ein Mann trifft eine Frau, sie lieben sich, sie werden ein Paar – bis dahin läuft alles richtig. Aber deshalb wird doch aus zwei Menschen nicht auf einen Schlag eine Person. Jeder von denen hatte doch seine eigenen Interessen, so haben sich die zwei Menschen doch kennengelernt. Er guckt bis zum Erbrechen Fußball, kloppt Karten und liebt Wolfgang Petry. Sie liebt ausgedehnte Einkaufsbummel, sammelt Schuhe, die sie niemals anziehen wird, und rennt zu jedem Robbie-Williams-Konzert. Und trotzdem lieben sie sich.

Sobald jetzt aber der eine versucht, den anderen zu ändern, ihm sein Leben überzustülpen, als Liebesbeweis fordert, etwas zu machen, worauf der andere garantiert keinen Bock hat, sobald das geschieht, ist das alles von vornherein zum Scheitern verurteilt.

Ich bin mir ganz sicher, dass Liebe, Partnerschaften und Beziehungen glücklich werden, wenn Mann und Frau so bleiben dürfen, wie sie waren, als sie sich kennen- und liebengelernt haben.

Es ist zu spät, wenn man gemeinsam fett wird, nur noch im Partnerlook rumläuft und wie selbstverständlich beim anderen ins Handy reinguckt. Nein, zwei Menschen können nur glücklich zusammenleben, wenn sie ihre Individualität nicht komplett aufgeben.

Zum Glücklichsein gehört auch das Vermissen. Das ist ein ganz wichtiger Punkt in funktionierenden Partnerschaften. Man muss auch loslassen können. Dafür muss man immer wieder getrennt sein. Vermissen heißt aber auch vertrauen können. Wie geht dieser schöne Spruch: Wahre Liebe kennt keine Entfernung. Da ist was dran. Man ist sich nah, auch wenn man nicht ständig aufeinander rumgluckt, dem anderen keine Luft zum Atmen lässt und dauernd nachfragt: Was machst du? Wo gehst du hin? Wen triffst du? Wann kommst du wieder? Ich verstehe Männer, die sich lieber eine Woche in Beugehaft einweisen lassen würden, als Tag für Tag dieses Fragen-Martyrium überstehen zu müssen.

Wichtig ist auch, dass man akzeptiert, wenn sich Geschmäcker im Laufe der Jahre ändern. Oder esst ihr heute noch Gute-Nacht-Brei aus dem Babygläschen? Jetzt im Ernst – es gibt doch viele Dinge, die man als Kind mochte oder eben zutiefst verabscheut hat, bei denen sich das inzwischen total umgekehrt hat.

Früher konnte man mich mit Rucola-Salat, Pampelmusen, Miesmuscheln, halbem Hummer oder Crème brûlée jagen. Heute esse ich das. Es sind zwar nicht meine Ich-würde-dafür-sterben-Gerichte, ich finde sie aber durchaus lecker.

Früher wäre ich meilenweit gelaufen, nee, nicht für eine Zigarette – rauchen war, ist und wird nie mein Ding –, aber für grünen Wackelpudding mit Vanillesoße, klebrige Himbeerbrause und Schokoladensuppe. Heute schaudert's mich, wenn ich nur daran denke – und die Kalorien darf ich gar nicht erst zählen.

Aber dann sind da auch die Klassiker. Gerichte, die dich ein Leben lang begleiten – Pizza, Rinderleber und Weinbergschnecken (ich weiß, ich habe da sehr merkwürdige Vorlieben, die teilen nur wenige). Und natürlich meine geliebten Leberwurstbrote.

Warum ich euch das jetzt alles erzähle? Weil es mit dem Essen ganz genauso wie mit den Männern ist. Man entwickelt sich einfach weiter. Mochte man früher Skater-Boys und Ganzkörper-Tätowierte (Wackelpudding und Himbeerbrause), steht man jetzt vielleicht mehr auf Schwarze-Schnürschuh-Träger mit Festanstellung (Miesmuscheln). Und dann sind da noch die, die einem immer gefallen werden – mittelgroß, mittelschlank, mittelbraune Haare, dabei sehr charmant, humorvoll und sexy (die Leberwurstbrote unter den Männern – und das meine ich als großes Kompliment!).

Nur weil ich früher keinen Bock auf Schule hatte, Baggy-Pants trug, Haargel benutzte und Roller-Fahrer für mich die allercoolsten Typen im Umkreis von fünfzig Kilometern waren – viel weiter war ich auch noch nicht gekommen –, muss das doch nicht bis zum Ende meines Lebens so bleiben. Ich hatte zum Beispiel noch nie einen Glatzkopf als Freund, aber wer weiß, vielleicht versuche ich es ja irgendwann mal mit einem. So wie ich mich auch irgendwann mal an einen halben Hummer getraut habe und er gar nicht so schlecht war.

Auch ich werde älter, gesetzter, vernünftiger. Ja, früher träumte ich von einem Prinzen auf einem weißen Schimmel. Mittlerweile weiß ich, dass niemand auf dem Pferd dahergaloppiert kommt. Nein, heute träume ich von einem Kerl mit weißem Auto. Der hat meine Straße allerdings auch noch nicht gefunden ...

Früher waren Grimms Märchen unsere Bibel. Warum wollten wir denn alle im Fasching immer als Prinzessin gehen? Weil wir sicher waren, so unseren Prinzen zu finden! Lange blonde Haare sollten es sein – von denen kann ich mich ja bis heute nicht trennen –, damit wir genauso wie Rapunzel einen Mann finden würden, der für uns durch die Wüste stolpert. Und woher kommt der von mir nie verstandene Rosen-Wahnsinn? Na klar, Dornröschen. Erst sticht sie sich, dann rettet er sie. Funktioniert doch heute noch, wenn sie sich an der roten Rose pikt und er dann ihren Schmerz wegküsst. Wer weiß, ob wir ohne Schneewittchen heute überhaupt Rouge benutzen würden, aber seitdem eines der schönsten Mädchen der gesamten Märchengeschichte Wangen hatte, die rot wie Blut waren, pinseln wir uns kräftig was auf die Backen.

Heute sind wir zu alt für Märchen dieser Art und haben begriffen, warum sie Märchen heißen und nicht Autobiografien. Aber trotzdem träumen wir immer noch gerne und lassen uns jetzt eben von Hollywood und seinen Stars verzaubern – weil es doch so schön ist, auch wenn nichts davon stimmt.

Glaube ich also an die wahre, einzige große Liebe? Sagen wir es so: Ich glaube an wahre große Liebe, aber die kann mir auch zwei-, drei-, viermal begegnen – mindestens. Das ist eben wie mit den Lieblingsgerichten – da hat man ja auch mehr als eins.

Eine Beziehung sollte wie ein großes Puzzle sein, von dem am Ende immer ein paar Teile fehlen. Nichts ist langweiliger, als wenn alles passt und perfekt ist. Viel schöner ist es doch, wenn man bis zuletzt den Glauben nicht aufgibt, das noch fehlende Teil irgendwo zu finden. Wenn man unterm Tisch und hinterm Schrank guckt, sich bückt und in die hinterste Ecke krabbelt, auf der Suche nach dem allerletzten Stück. Und wenn man dann alles getan, aber nichts gefunden hat, schaut man sich sein Werk an und merkt auf einmal, dass es so unvollendet vielleicht viel schöner, auf jeden Fall aber spezieller und einzigartiger ist.